本书为2023年度教育部哲学社会科学研究重大课题攻关项目"推进法学教育和法学院校改革研究"（批准号23JZD024）的阶段性成果。

法治文化丛书

民法典中的人

王雷 / 著

Persons in
the Civil Code

中国法制出版社
CHINA LEGAL PUBLISHING HOUSE

序

《民法典》是人法

2020年5月28日《中华人民共和国民法典》(以下简称《民法典》)表决通过。《民法典》[①]被誉为社会生活的百科全书、市场经济的基本法、新时代人民权利的宣言书、治国理政的重器。在笔者个人看来,《民法典》是人法,是一部以人为本的法。《民法典》的大道初心是人文关怀理念与自由之精神。

《民法典》表决通过后,至2023年12月31日,笔者在各地、各单位做过232场《民法典》专题讲授分享。总结来看,笔者主要围绕《民法典》的人法品格和法治思维两条主线做普法宣传工作。

学习《民法典》,不能见物不见人。围绕《民法典》的人法品格,笔者曾经在普法宣传中主讲过这些题目:"《民法典》的大道初心""《民法典》是人民群众美好幸福生活的重要保障""《民法典》的民生关切""《民法典》坚持以人民为中心""《民法典》与人的全面发展""《民法典》是以人为本的法""《民法典》的人法品格""《民法典》的人文关怀理念"。

[①] 本书规范性文件的名称使用简称,下文不再标注。

《民法典》中的人是抽象的，更是具体的。笔者到小学、幼儿园向老师们宣传普及《民法典》时，曾主讲过"《民法典》致力于培养什么人""《民法典》如何看待未成年人"，面向工会干部主讲过"《民法典》中单位用工风险和劳动者权益保护"。

　　体系化是《民法典》的生命。《民法典》有体系红线贯穿其中。《民法典》有1260条，皇皇巨作。可谓法典千条，法书万卷；纷繁复杂，莫可究诘。[①]然，一言以蔽之，民法即人法。人终其一生可能不会和刑法打交道，然而人生无时不民法，生活无处不民法。柴米油盐、衣食住行、财货往来、婚丧嫁娶、悲欢离合，民法关乎人们的日用常行。"在民法慈母般的眼中，每一个个人就是整个国家。"法不远人，法由人立，法为人立。《民法典》始终包含对世道人心的温柔注视，我们每一个人始终生活在民法温柔的目光里。民法的任务就是纾解人们的懊恼和愁苦，增进人们的欢喜和快乐。"民之所欲，法之所系"，人民的福祉是最高的法律，我们要从法理念层面高度重视《民法典》的人法品格。《民法典》中无处不闪耀着人性的光芒，《民法典》就是一部"以人为本"的法，《民法典》是对人民群众美好幸福生活的重要保障。《民法典》充分保障人民的人身权、财产权和人格权，《民法典》中的民事权利是公权力行使的重要边界。

　　2020年上半年《民法典》颁布前，笔者书桌上放着一本打印装订的《中华人民共和国民法典（草案）》（以下简称《民法典》草案），有一天笔者在工作时，快满四岁的儿子跑过来站在笔者身边翻那本《民法典》草案，突然他大声叫着："爸爸，人！爸爸，人！"……原来他正从《民法典》草案中找出一个一个的"人"字。大多数中国人认识和会写的第一个汉字就是"人"。儿子学会的第一个汉字也是"人"，《民法典》草案中他当时能认识的汉字有

[①] 郑玉波：《民法总则》，中国政法大学出版社2003年版，第93页。

限,但从正文每一页中都能发现"人"字,让他很兴奋。受他启发,笔者查阅检索我国《民法典》,发现《民法典》全文106984个字,其中"人"字出现了3927次。

《民法典》中的人是具体的、形象的、多样的。《民法典》中3927个"人"包括了生活中所有的人,每个人都可以在《民法典》中找到自己的坐标定位。《民法典》中的人不局限于自然人、法人、非法人组织,不局限于国家、集体、私人,不局限于所有权人、用益物权人、担保物权人、债权人、债务人。《民法典》中的人可以是更为具象的。笔者致力于解读《民法典》中的未成年人、老年人、残疾人、妇女、消费者、劳动者、英雄烈士、经营者、企业家、营利法人、业主、农民、农民集体、国家、国家机关、出租人、承租人、物业服务人、中介人、个人信息处理者、网络用户、网络服务提供者、学校、遗嘱人、遗产管理人、患者、医疗机构、家庭成员、"僵尸"公司等,致力于从《民法典》看得见的"人"中诠释看不见的施惠人、社会特殊群体[①]、中小微企业等,展现《民法典》中大写的、完整的、多种多样的、多姿多彩的"人"的形象,从《民法典》角度讲解不同人的民法故事,努力"让民法典走到群众身边、走进群众心里"。

在具体的、形象的、多样的人之外,《民法典》所设定的典型的人的形象究竟是什么?值得我们认真总结。

最高人民法院发布的《全国法院民商事审判工作会议纪要》(法〔2019〕254号)第76条指出:"告知说明义务的履行是金融消费者能够真正了解各类高风险等级金融产品或者高风险等级投资活动的投资风险和收益的关键,人民法院应当根据产品、投资活动的风险和金融消费者的实际情况,综合理性

---

① 《民法典》第128条规定:"法律对未成年人、老年人、残疾人、妇女、消费者等的民事权利保护有特别规定的,依照其规定。"该条体现了弱式意义上的平等对待,体现了民法对社会特殊群体的人文关怀理念。

人能够理解的客观标准和金融消费者能够理解的主观标准来确定卖方机构是否已经履行了告知说明义务。卖方机构简单地以金融消费者手写了诸如'本人明确知悉可能存在本金损失风险'等内容主张其已经履行了告知说明义务，不能提供其他相关证据的，人民法院对其抗辩理由不予支持。"该条出现"理性人"这个表述，区分了理性人客观标准和金融消费者主观标准。

2022年11月4日《最高人民法院关于适用〈中华人民共和国民法典〉合同编通则部分的解释（征求意见稿）》[①]第1条第1款、第10条第2款、第33条第1款共3次出现"常人"这个表述，如该征求意见稿第1条第1款规定："人民法院依据《民法典》第一百四十二条第一款、第四百六十六条第一款规定对合同条款进行解释时，应当以常人在相同情况下理解的词句含义为基础，结合合同的相关条款、合同性质和目的、习惯以及诚信原则，参考缔约背景、磋商过程、履行行为等因素确定争议条款的含义。"征求意见过程中，"常人"这个表述争议极大。正式公布的《最高人民法院关于适用〈中华人民共和国民法典〉合同编通则若干问题的解释》没有使用"常人"这个表述。笔者认为征求意见稿中的"常人"这个表述是把纯粹民法学理论上的一个概念条文化、实定法化，不合适，也不是实定法上的通用表述。

《民法典》的人法品格是笔者做《民法典》普法宣传工作的第一条主线，《民法典》中的法治思维是笔者做《民法典》普法宣传工作的第二条主线。笔者认为：《民法典》普法宣传内容是有层次的，不能局限于民法知识，还要及于法治观念、法治思维、法治思想、法治文化。笔者有幸担任全国普法办"八五"普法民法典讲师团成员、北京市民法典学习宣传讲师团成员，本书《民法典中的人》是对笔者《民法典》普法宣传工作的一个阶段性总结。

---

① 载最高人民法院网，https://www.court.gov.cn/zixun/xiangqing/378071.html，最后访问日期：2024年5月21日。

德国学者拉德布鲁赫于1927年做过《法律上的人》的演讲，向我们展示了古代社会、近代社会和现代社会中法律上人的形象的变化。① 日本学者星野英一著有《私法中的人》，该书向我们展现了从近代民法到现代民法变迁过程中私法上人的形象的发展变化。② 《民法典》是新中国第一部以法典命名的法律，深刻回答着中国之问、世界之问、人民之问、时代之问，也生动描绘着21世纪"人"的形象。

本书共五章。第一章"自由全面发展的人"展现笔者所理解的《民法典》中人的形象，总揽全书。第二章、第三章和第四章从不同角度分叙自由全面发展的人。第二章"关爱特殊群体"是《民法典》人文关怀理念的深度体现，第三章"具体的形象的人"引导我们感受《民法典》中具体的、形象的、多样的人，第四章"生命尊严"展现《民法典》如何助力人静美地走完一生。第五章"《民法典》的大道初心"打开我们观察学习《民法典》的人法这一窗口，总结全书。

其实诞生4年多的《民法典》不也是一位幼儿吗！本书第二章提到，对未成年人，《民法典》告诉我们的培养教育之道是保护、尊重和引导，对《民法典》又何尝不是如此？每位民法学者心目中都会有一部理想的《民法典》。法律体系不简单等同于法学理论体系。现实中的《民法典》总是充满了很多妥协。立法是门"遗憾的艺术"，对法律规范特别是《民法典》宜秉持如下解释、适用和完善的立场：一方面，在推进全面依法治国的背景下，法律人共同体应该尊重立法者、尊重实定法权威，尊重立法者在实定法中所体现的价值判断结论，注重法律人的团结协作，应该本着最大善意将实定法条文尽可能解释得有用和有意义，对于实定法条文中的有瑕疵、有漏洞之

---

① ［德］古斯塔夫·拉德布鲁赫：《法律智慧警句集》，舒国滢译，中国法制出版社2001年版，第141—156页。

② ［日］星野英一：《私法中的人》，王闯译，中国法制出版社2004年版，第50页。

处，应该努力"化腐朽为神奇"、破立结合、善意弥补。另一方面，面对多种可供选取的法律解释方法和法律适用方法，一般而言，何种法律解释方法和法律适用方法给法律适用者带来的自由裁量权越小，何种方法的妥当性程度就相对越高。

2020年12月，笔者的主题报告《民法典与推进教育治理现代化》获评中共北京市委干部理论教育讲师团、中共北京市委讲师团2020年度"宣讲家杯"优秀报告（党课）征集和展播活动优秀作品。面向机关干部等讲解《民法典》时，笔者注重对《民法典》中法治思维的阐释。未来有机会，笔者再就自己对法治思维的认识作总结分析。

目录

第一章　自由全面发展的人

重读《私法中的人》：从理性经济人到自由全面发展的人 / 003

家庭文明的伦理人 / 007

友善和睦的情谊人 / 022

团结协作的团体人 / 034

代际友好的生态人 / 041

第二章　关爱特殊群体

人体冷冻胚胎的"命运" / 049

胎儿利益保护 / 054

对未成年人的培养教育之道 / 059

老有所养和老有所安 / 067

关爱残疾人 / 072

男女平等与妇女权益保障 / 076

对消费者和劳动者的倾斜保护 / 083

对中小微企业的倾斜保护 / 091

第三章 具体的形象的人

- 对见义勇为救助者的鼓励 / 099
- 农民集体与农民集体成员 / 106
- 业主与物业服务人 / 113
- 出卖人与买受人 / 122
- 出租人与承租人 / 125
- 董事、监事、高级管理人员等商事主体的更高注意义务 / 132
- 平台企业的更高注意义务 / 137
- 机关法人的行止边界 / 144
- 个人信息处理者 / 150
- 网络用户与网络服务提供者 / 160

第四章 生命尊严

- 患者的生命尊严 / 171
- "死者为大"的丧葬习俗 / 174
- 尊崇英雄烈士 / 178
- 死者人格利益保护 / 183
- 遗产管理人 / 187

第五章 《民法典》的大道初心

- 《民法典》的大道初心 / 193
- 《民法典》中民为邦本的文化情怀 / 198
- 民法致力于培养什么人 / 203
- 依法积极理性为权利而斗争的人 / 210

附　录 / 223

后　记 / 229

案例索引

第一章　自由全面发展的人

1. 寄存骨灰丢失案 / 008
2. 业主购买商品住房存放骨灰案 / 009
3. 死后钱全归前任的口头承诺 / 013
4. 女儿与父母共有房产分割案 / 015
5. 奶奶索要"带孙费"案 / 016
6. 母亲离家出走30多年后现身，要求子女尽赡养义务案 / 018
7. 全国首例非法代孕所生子女的监护权纠纷 / 018
8. 酒后死亡，同饮者担责案 / 026
9. 代接朋友孩子意外造成损伤免赔案 / 030
10. 公园打牌突发疾病，牌友应当积极救助 / 031
11. 打羽毛球被击中右眼状告球友 / 031
12. 好意同乘案 / 032
13. 麦地净地返还案 / 044
14. 强制拆除房屋案 / 044

第二章　关爱特殊群体

15. 中国首例冷冻胚胎继承权纠纷案 / 049
16. 全国首例男方废弃冷冻胚胎侵权赔偿案 / 051
17. 国内首起同性伴侣抚养权纠纷案 / 051
18. 基因编辑婴儿案 / 052
19. 遗腹子侵权损害赔偿案 / 056
20. 女童超市偷窃被捆绑挂牌示众案 / 060
21. 父母"挪用"5.8万压岁钱被孩子起诉，压岁钱归谁所有 / 060
22. 未成年人通过网络直播平台进行高额打赏引发合同纠纷案 / 061
23. 夺命香蕉案 / 065
24. 无锡办理首份意定监护公证 / 068
25. 精神障碍患者连点40份外卖花费4万余元 / 074
26. 妻子频频打赏主播，丈夫起诉要求返还案 / 078
27. 丈夫起诉妻子生育权纠纷案 / 080
28. 就业性别歧视案 / 082
29. 健身课退费案 / 083
30. 网购自主同款拉杆箱案 / 085
31. 购买已过保质期的14包香肠案 / 086
32. 求职提供虚假婚育信息不构成欺诈案 / 087

第三章　具体的形象的人

33. 江某莲与刘某生命权纠纷案 / 100
34. 某村民委员会赔偿款来源纠纷 / 106
35. 某村民委员会擅自对外转让村集体资产案 / 109
36. 加装电梯受阻案 / 117
37. 老旧小区加装电梯，一楼索要百万赔偿 / 117
38. 某快递柜宣布超时取件则收费 / 119

- 39. 前物业公司被业主大会辞退后拒绝交接案 / 121
- 40. "凶宅"买卖纠纷 / 122
- 41. 电梯噪声房屋买卖合同纠纷 / 123
- 42. 出租人允许承租人携带宠物入住纠纷案 / 125
- 43. 某壳公寓租房事件 / 127
- 44. 康某药业证券虚假陈述责任纠纷案 / 135
- 45. 滴滴出行网络安全审查事件 / 139
- 46. 北京市海淀区网络餐饮服务第三方平台食品安全公益诉讼案 / 140
- 47. 某电商平台百万违约金条款案 / 141
- 48. 某房地产公司向法院申请侵害人格权禁令案 / 142
- 49. 某网因滥用市场支配地位行为被行政处罚案 / 142
- 50. 某单位百年租房合同案 / 145
- 51. "交警进社区采集小区车辆信息行动方案的合法性"咨询 / 151
- 52. 平台公司大数据杀熟"退一赔三"案 / 152
- 53. 离婚时网络用户自媒体账号该归谁 / 161
- 54. 被群主踢出微信群起诉群主第一案 / 163
- 55. 微信群主不作为案 / 164
- 56. 全国首例电商平台涉反通知义务网络侵权责任纠纷 / 165

第四章 生命尊严

- 57. 离异改嫁女死亡后合葬纠纷 / 174
- 58. 丧偶再嫁女死亡后合葬纠纷 / 175
- 59. 陈某琴诉魏某林、《今晚报》社侵害名誉权纠纷案 / 183
- 60. 鲁迅肖像权纠纷案 / 185
- 61. 刘某申请指定天津市河北区民政局为徐某遗产管理人案 / 188
- 62. 上海浦东法院首例指定民政部门担任遗产管理人案 / 188
- 63. 老人离世无继承人遗产归国家案 / 189

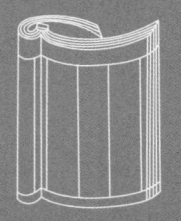

第一章

自由全面发展的人

重读《私法中的人》：
从理性经济人到自由全面发展的人

　　《私法中的人》向我们展现从近代民法到现代民法变迁过程中人的形象的发展变化。近代民法主要是19世纪的民法，以《法国民法典》和《德国民法典》为典范。现代民法主要是20世纪的民法，20世纪的民法与时俱进地对近代民法打了若干补丁。19世纪民法中的人是自由、平等、理性、利己、抽象、强而智的经济人，可以简称为理性经济人。理性经济人打破了身份不平等的枷锁，实现了"从身份到契约"的蜕变。20世纪民法在理性经济人之外，关注到了具体的、需要倾斜保护的人，可以表述为社会特殊群体。

　　20世纪的民法并没有将抑强护弱的任务完全交给社会法。把社会特殊群体当作强者对待会带来痛苦和烦恼。现代民法发展的重心转移到特殊群体保护上，像法国学者里佩尔所说的要给民法上所有权人、债权人、债务人、侵权人、被侵权人等抽象人穿上西服和工作服，看清如何根据人与人之间的种种差异区别对待。20世纪民法"从契约到身份"实现对"人的再发现和复归"，这当然不是向身份制的复归，而是推进对社会特殊群体苦难的关照。

　　笔者认为，每一本书都有特定的任务使命，也都会有未尽之言。一种可能的读书和写作方法是续写法，由此读者可以和作者进行深度对话。正如拉德布鲁赫在《法律上的人》演讲中所言："沿着他们指引的方向，我将在新的耕地上手扶木犁。"①《私法中的人》有未竟话题值得我们去续写：

第一，近代民法中的理性经济人也是商法中人的形象。

"本文仅以民法中的人为中心进行论述，而作为私法之特别法非常重要的商法，则几乎无法涉及。"②实际上，近代民法中的人与商人的性格共通。

古典经济学、自然法学都将人像描绘为个人主义的、自由主义的、理性主义的理性经济人。

"理性经济人"属于纯粹民法学理论上的一个概念，不是实定法上的通用表述，不必将之作为立法用语。2022年11月4日《最高人民法院关于适用〈中华人民共和国民法典〉合同编通则部分的解释（征求意见稿）》中的"常人"这个表述也是如此。

第二，民法不限于财产法视角，不能陷入财产法中心主义，人身法中人的形象值得探讨。理性经济人是古典经济学和财产法中的人像，人不是只受利益驱动，人身法中的人是伦理人。

"因篇幅关系，关于民法也是仅就其中的财产关系部分即所谓的财产法加以论述；关于家族关系部分即所谓的家族法，就只有等待其他机会再加以论述了。这是因为，虽然被包含在同样的民法之中，但家族法与财产法性质不同，在同一文稿中论述是相当困难的。"③正因为在研究对象上的限定，《私法中的人》实际上还有一个副标题——以民法财产法为中心，中文译本没有保留这个副标题，就失去了方便我们理解作者思想的一项重要信息。

第三，时代是出卷人，近代民法和现代民法都无法充分预测21世纪民法

---

① [德]古斯塔夫·拉德布鲁赫：《法律智慧警句集》，舒国滢译，中国法制出版社2001年版，第156页。
② [日]星野英一：《私法中的人》，王闯译，中国法制出版社2004年版，第4页。
③ [日]星野英一：《私法中的人》，王闯译，中国法制出版社2004年版，第4页。

的发展，21世纪对民法中的人提出何种时代之问，值得继续探索。学习民法，不能见物不见人。"现代化国家的一个重要标志就是'人'变得比'物'更为重要。"①我国《民法典》是新中国第一部以法典命名的法律，深刻回答着中国之问、世界之问、人民之问、时代之问，也生动描绘着21世纪"人"的形象。

"现代民法乃至民法学今后必须在'人的再发现或复归'的理念之下继续探索。"②

第四，理性经济人是近代民法尤其是财产法的经典人像，21世纪民法可以用自由全面发展的人统合财产法和人身法中的人像。

从近代民法、现代民法向21世纪民法的发展，实际上是对人不断认识和再发现的过程，是从理性经济人向自由全面发展的人的变迁过程。自由全面发展的人可以统合现代民法中的社会特殊群体，统合21世纪民法中的团体人、伦理人和生态人，避免陷入财产法中心主义或者个人主义方法论的"片面深刻"。

"但昧于民族国家初步形成，资本主义蔚然成型的现实，这些优秀的民法典主要还是致力于如何有效组织资源，使民族国家在激烈的经济竞争中取得优势，自然人当然成为推动经济发展的独立自主的主体。立法者心目中完全意义上的人，是在经济交往中具有健全意识和完备理性的成年人……这使得这一时期的民法典经济理性高扬，经济功能凸显。""民法典理应坚持以人为本，将人文关怀的理念置于最为核心和关键的地位，既尊重未成年人的天性，又尊重成年人的自由，将人定位为目的本身，而非实现任何其他目的的手段，民法典应期待人成为推动实现自身自由、全面发展

---

① ［美］罗兰·米勒：《亲密关系》，王伟平译，人民邮电出版社2015年版，序一。
② ［日］星野英一：《私法中的人》，王闯译，中国法制出版社2004年版，第91页。

的主体。"①"商法和家庭法都有一个共同的立场,即超越个人……所有这些独立的趋势都说明了一个时代现象:集体相对于个人地位的提升。这一现象在企业法中比在家庭法中更明显。"②

综上,21世纪民法需要实现对人的再发现或复归,树立民法以人为本的人法品格。21世纪民法需要使被财产法长期遮蔽住的人身法绽放光芒,人身法正在向财产法夺回桂冠,人身法中的人像应该被认真描绘。21世纪民法需要回应数字时代、高科技时代、资源日益枯竭和环境日益恶化时代、风险时代的新问题,回应如何对个体主义方法论进行必要矫正,回应民法致力于培养什么人的问题,回应从理性经济人迈向自由全面发展的人的法律路径,答好21世纪民法中人的画像这一时代之问。

---

① 王轶、关淑芳:《论民法总则的基本立场》,载《国家行政学院学报》2018年第1期,第104页。

② [德]沃尔弗拉姆·穆勒·弗雷恩弗尔斯:《论商法的独立性》,戴湘荣、冯洁语译,载朱晓喆:《中外法商评论》第二卷,上海财经大学出版社2022年版,第239-240页。

家庭文明的伦理人

近代民法中的理性经济人是自利（self-interest）的人，但不是自私（selfish）的人，自利不等于自私。亚当·斯密在《国富论》中就推导分析过从自利到利他的过程。"在文明社会中，一个人在任何时候都需要有大量人的合作和帮助，……人几乎总是需要他的同胞的帮助，单凭人们的善意，他是无法得到这种帮助的。如果他能诉诸他们的自利心，向他们表明，他要求他们所做的事情是对他们自己有好处的，那他就更有可能如愿以偿。……我们期望的晚餐并非来自屠夫、酿酒师和面包师的恩惠，而是来自他们对自身利益的关切。我们不是向他们乞求仁慈，而是诉诸他们的自利心；我们从来不向他们谈论自己的需要，而只是谈论对他们的好处。"[1] 拉德布鲁赫认为，经济人不过是一个虚构的类型，"狡猾、机灵的时代本不会明白：人类的大多数并不是自私自利、老谋深算和机警灵活的，而是肠柔心软、愚拙憨脑和慵懒随意的"[2]。

2022年11月14日，笔者为首都师范大学政法学院做学术报告《人身关系法中的伦理人》，阐述了如下观点：理性经济人并不是民法中人的形象的全部。即便是财产法中的人，也不完全是理性经济人，财产法中的人也要遵

---

[1] ［英］亚当·斯密：《国富论》，唐日松等译，华夏出版社2005年版，第13–14页。
[2] ［德］古斯塔夫·拉德布鲁赫：《法律智慧警句集》，舒国滢译，中国法制出版社2001年版，第145页。

守最低限度的交易道德、不得违背公序良俗。婚姻家庭具有伦理性，婚姻家庭以爱为底色，包括爱情之爱和亲情之爱。《民法典》是感情的试金石。婚姻是具有法的意义的伦理的爱。重视家庭文明建设是社会主义核心价值观和公序良俗原则在婚姻家庭领域的具体化，体现了婚姻家庭"德法共治"的要求，是婚姻家庭法内在价值体系的源头活水。人身关系法中的人是家庭文明的伦理人。伦理人是对理性经济人等民法中人的形象的补绘。伦理人不简单等同于利他主义者。伦理人是互相忠实、互相尊重、互相关爱的夫妻，伦理人是敬老爱幼、互相帮助的家庭成员，伦理人是宽容礼让、友善和睦、重情重义的情谊人。人身关系法中的人像应该被认真描绘。

一、财产法中的人须遵守交易伦理

理性经济人并不是民法中人的形象的全部。即便是财产法中的人，也不完全是理性经济人，财产法中的人也要遵守最低限度的交易道德。以下介绍一起"寄存骨灰丢失案"：[①]

艾某民之兄于1987年1月16日因病去世，遗体在青某殡仪馆火化。火化后，死者亲属花90元买一骨灰盒，将死者骨灰存放在青某殡仪馆寄存处，寄存期限5年，寄存费10元，并领取了骨灰寄存证。死者亲属除有其弟艾某民外，还有其父、其妻。此后，在死者忌日时，亲属都去祭骨灰以寄托哀思。1989年忌日时，死者亲属前去祭拜，被殡仪馆工作人员告知骨灰遗失。当时，殡仪馆表示会尽力寻找。后经多次寻找，均无下落，殡仪馆向死者亲属表示了歉意，但死者亲属仍要求寻找骨灰。至1992年1月，死者骨灰寄存期满，死者亲属要求青某殡仪馆归还骨灰未果，死者之弟艾某民向人民法院提起诉

[①] 《艾某民诉青某殡仪馆丢失寄存的骨灰损害赔偿纠纷案》，载最高人民法院中国应用法学研究所编：《人民法院案例选》1993年第3辑（总第5辑），人民法院出版社1993年版，第83-86页。

讼，认为青某殡仪馆丢失其兄骨灰，致使寄存期满后不能归还骨灰，造成死者亲属精神极大痛苦，要求法院判令青某殡仪馆赔偿死者亲属精神损害费1000元，并修墓一座下葬死者生前遗物。人民法院经审理认为：青某殡仪馆将原告之兄的骨灰遗失，系该馆工作人员失职所致，该馆是有过错的。对于死者骨灰遗失造成其亲属精神痛苦，青某殡仪馆应当赔偿。经法院主持调解，当事人双方自愿达成调解协议：由青某殡仪馆赔偿艾某民现金550元，艾某民同意撤回起诉。

并非所有的财产合同都致力于追求财产利益，财产交易中的精神利益和交易伦理需要被重视，在本案中，除了有合同上财产（骨灰盒）损失赔偿问题外，骨灰丢失对应精神损害赔偿。《民法典》第996条规定："因当事人一方的违约行为，损害对方人格权并造成严重精神损害，受损害方选择请求其承担违约责任的，不影响受损害方请求精神损害赔偿。"第996条规定违约精神损害赔偿请求权，弥补了违约责任方式的漏洞。

一次培训班课间，一位律师和笔者讨论了一起他代理的、发生在当地的、触动人灵魂的、"活久见"案件——"业主购买商品住房存放骨灰案"：

外地一个炒房客到某市购买了一套商品住房，对门邻居是该市当地一位业主。炒房客置业后一直未入住，对门邻居觉得难得清静。2017年年初，一个小偷作案踩点时选准了炒房客的这套房子，因为他发现这户人家每个房间都24小时亮灯，小偷觉得这套房子一定没住人，联想到那段时间热播的一个电视剧《人民的名义》中的贪官之家，小偷推断这就是贪官之家，开着灯是在晒现金呢。小偷选定日子入室盗窃，一进客厅就被吓瘫在地板上，他没有看到如山的现金，而看到客厅墙壁上挂着一个一个黑色相框，每个相框里都有一幅遗像，每个相框下面都摆放了一个骨灰盒，每个骨灰盒前面都立着一块灵位。放眼望去，那户人家客厅摆放着至少20个骨灰盒。小偷平复心情，落荒而逃，出来后他忍不住和同伙分享了这段奇特的经历。一传十，十传百，小偷是谁，大家都不知道了，但当地居民都知道这户人家用房子来存放骨灰了。消息也传到对门邻居耳中，邻居听了后半天没说出话，原来以为对门没住人，没有噪声打扰，自己每天晚上都睡得很好，现在突然发现不是没住人，是没住活人，邻居再也睡不着觉了，就把炒房客告到法院，请求将骨灰盒及灵位等搬离。一审法院以"法不禁止即自由"为理由，判决驳回了原告的诉讼请求。

原告代理律师和笔者讲这起案件时，二审上诉期未满，律师问笔者是否有上诉翻盘的方法。2021年8月16日，北京广播电视台科教频道《民法典通解通读》栏目播出逐条开讲第五期《总则编：第八条——公序良俗原则》，在这期节目中，笔者讲到这起"业主购买商品住房存放骨灰案"。笔者认为，一审法院对"法不禁止即自由"中的"法"作了片面理解，"法不禁止即自由"中的"法"既包括法律的具体规则，又包括法律的基本原则。在具体规则层面，没有规范性文件禁止业主购买商品住房存放骨灰，但在基本原则层面，民事主体从事民事活动不得违背公序良俗。活着的人与死者不做邻居，互不打扰，这是生活居住问题上形成的公序良俗。

二、婚姻是具有法的意义的伦理的爱

爱情与婚姻密不可分，婚姻是具有法的意义的伦理的爱。

选择结婚的对象很重要。卢梭认为："一个人的婚姻可以决定一个人一生的命运，所以必须用充分的时间去考虑它。再也没有什么事情比选择一个好男人更难的了，如果说真有比选择好男人更难的事情的话，那就是选择一个好女人了。"①

---

① ［法］卢梭：《爱弥儿：论教育》（下卷），李平沤译，商务印书馆1978年版，第600页。

如何选好结婚的对象？西塞罗曾经指出："真正的朋友就像另一个自我。……对一个人应该先判断，然后爱，而不要先爱，然后再判断。然而正如我们在许多事情上因疏忽而受惩罚一样，若选择朋友和与朋友相处中发生疏忽，尤其应该受惩罚。要知道，我们这是谋虑在后，本末倒置，违背了古训。"①"婚姻是否能取得最大的幸福，在很多方面要取决于男女双方是不是相配，不过，要想在各个方面都相配的话，那是十分愚蠢的。所以，我们只能首先注意到在主要的方面是不是相配，如果在其他方面也相配，那当然是更好，如果不相配，那也没有关系。"②

爱情是婚姻的基础。恩格斯说："当事人双方的相互爱慕应当高于其他一切而成为婚姻基础的事情，在统治阶级的实践中是自古以来都没有的。至多只是在浪漫故事中，或者在不受重视的被压迫阶级中，才有这样的事情。"③而就爱情在婚姻维系过程中的作用，恩格斯则进一步指出："如果说只有以爱情为基础的婚姻才是合乎道德的，那么也只有继续保持爱情的婚姻才合乎道德。……如果感情确实已经消失或者已经被新的热烈的爱情所排挤，那就会使离婚无论对于双方或对于社会都成为幸事。只是要使人们免于陷入离婚诉讼的无益的泥潭才好。"④

爱情是排他的，要求互相忠实。"爱情是排他的，是希图对方偏爱自己的。……爱情是向对方提出了多少要求，而自己也给予对方多少东西，它本身是一种充满了公平之心的情感。"⑤

---

① ［古罗马］西塞罗：《论友谊》，载西塞罗：《西塞罗文集（政治学卷）》，王焕生译，中央编译出版社2010年版，第310—312页。
② ［法］卢梭：《爱弥儿：论教育》（上卷），李平沤译，商务印书馆1978年版，第600页。
③ ［德］恩格斯：《家庭、私有制和国家的起源》，载《马克思恩格斯选集》（第四卷），人民出版社1995年版，第77页。
④ ［德］恩格斯：《家庭、私有制和国家的起源》，载《马克思恩格斯选集》（第四卷），人民出版社1995年版，第81页。
⑤ ［法］卢梭：《爱弥儿：论教育》（下卷），李平沤译，商务印书馆1978年版，第654页。

爱情靠缘分，也要靠经营。有人说，婚姻是爱情的坟墓，婚姻由姻缘或命运决定。张爱玲所解释的爱情是：于千万人之中遇见你所遇见的人，于千万年之中，时间的无涯的荒野里，没有早一步，也没有晚一步，刚巧赶上了，这就是缘分。婚姻注定如人生一样充满了不完美，"生命是一袭华美的袍，爬满了蚤子"[①]。

婚姻是具有法的意义的伦理的爱。黑格尔的婚姻爱情观值得研究。黑格尔认为："婚姻是具有法的意义的伦理性的爱，这样就可以消除爱中一切倏忽即逝的、反复无常的和赤裸裸主观的因素。"[②]黑格尔认为将婚姻仅仅建立在爱的基础上的观念是应该受到唾弃的，"爱既是感觉，所以在一切方面都容许偶然性，而这正是伦理性的东西所不应采取的形态"[③]。爱是精神对自身统一的感觉，"爱的第一个环节，就是我不欲成为独立的、孤单的人，我如果是这样的人，就会觉得自己残缺不全。至于第二个环节是，我在另一个人身上找到了自己，即获得了他人对自己的承认，而另一个人反过来对我亦同"[④]。"爱是一种最不可思议的矛盾，绝非理智所能解决的，因为没有一种东西能比被否定了的、而我却仍应作为肯定的东西而具有的这一种严格的自我意识更为顽强的了。爱制造矛盾并解决矛盾。作为矛盾的解决，爱就是伦理性的统一。"[⑤]

爱情是人类永恒的话题。恩格斯指出："人与人之间，特别是两性之间的感情关系，是自从有人类以来就存在的。"[⑥]"世上决没有无缘无故的爱，也没

[①] 转引自张贞元编著：《张爱玲传》，中国工人出版社2012年版，第78页。
[②] ［德］黑格尔：《法哲学原理》，范扬、张企泰译，商务印书馆1961年版，第177页。
[③] ［德］黑格尔：《法哲学原理》，范扬、张企泰译，商务印书馆1961年版，第177页。
[④] ［德］黑格尔：《法哲学原理》，范扬、张企泰译，商务印书馆1961年版，第175页。
[⑤] ［德］黑格尔：《法哲学原理》，范扬、张企泰译，商务印书馆1961年版，第175页。
[⑥] ［德］恩格斯：《路德维希·费尔巴哈和德国古典哲学的终结》，载《马克思恩格斯选集》（第四卷），人民出版社1995年版，第233页。

有无缘无故的恨。至于所谓'人类之爱',自从人类分化成为阶级以后,就没有过这种统一的爱。……真正的人类之爱是会有的,那是在全世界消灭了阶级之后。"[1]单相思无法成就互动式的爱情,而单有爱情也可能并不足以成就婚姻,在情投意合、两情相悦之外,人们还可能自我附加很多其他的外在要求,如志同道合、门当户对、郎才女貌、才子佳人、性格相合等,甚至可以说爱情伊始一定程度上就与这些所谓的"外在要求"纠合在一起。婚姻承载了人们太多的情感、物质等方面的寄托。

举例说明"婚姻是具有法的意义的伦理的爱":前直系姻亲之间是否禁止结婚?我国现行《民法典》对此虽无明确禁止规定,但从禁止一定范围内的亲属之间通婚的伦理依据出发作目的解释,应禁止直系姻亲之间结婚,直系姻亲之间结婚虽然不存在优生学上的不利后果,但为了避免亲属关系的混乱,保持亲属身份关系的安定性,从社会一般伦理观念出发,应该禁止直系姻亲之间结婚。

《民法典》是爱情的试金石。比如,如何看待"死后钱全归前任的口头承诺"?某人曾经公开口头表示:"我死后钱全部都是前女友某某某的。"他还曾多次在公开场合表示他这辈子最对不起的就是老婆和孩子。死后钱全归前任的口头承诺不符合《民法典》第1138条口头遗嘱的有关规定,相关承诺没有法律约束力。

三、婚姻家庭以爱为底色

婚姻家庭具有伦理性,婚姻家庭以爱为底色,包括爱情之爱和亲情之

---

[1] 毛泽东:《在延安文艺座谈会上的讲话》,载《毛泽东选集》(第三卷),人民出版社1991年版,第871页。

爱。《民法典》中"爱"这个字出现两次，都是在婚姻家庭编，第1043条第2款要求夫妻应当互相关爱，家庭成员应当敬老爱幼。"中国人特重家庭伦理，蔚成家族制度，虽相沿自古，但各时各地亦有变化不同。"①《民法典》是爱情的试金石，《民法典》是亲情的试金石。我们要加强婚恋观、家庭观正向引导。

《民法典》第1043条第1款规定："家庭应当树立优良家风，弘扬家庭美德，重视家庭文明建设。"该款属于新增条款，家庭文明建设从政策话语进入《民法典》立法用语体系，重视家庭文明建设成为《民法典》婚姻家庭编的基本价值取向。重视家庭文明建设是社会主义核心价值观和公序良俗原则在婚姻家庭领域的具体化，体现了婚姻家庭"德法共治"的要求，是婚姻家庭法内在价值体系的源头活水。家庭文明建设条款一方面被《民法典》第1043条第2款具体化，另一方面又向《民法典》第1条弘扬社会主义核心价值观条款开放。

家庭文明的新时代内涵包括平等、敬爱、忠实、团结等，并通过婚姻家庭法律规则加以具体化。作为基本价值取向，家庭文明的抽象程度高于基本原则，家庭文明通过《民法典》的基本原则和具体规则得以具体化。家庭文明建设并不反对自由，而是为了在身份共同体中克服个体主义的缺陷，从而更充分地实现每个家庭成员的自由全面发展。

通过将重视家庭文明建设增列为《民法典》婚姻家庭编的基本价值取向，在财产法中心主义的笼罩下，《民法典》日益找回迷失的"家"，《民法典》真正成为"社会生活的百科全书"，而非仅是"市场经济的基本法"。

任何一种民法制度总是有意无意地仰赖一种民法哲学，家庭文明建设条款及其具体化能够展现我国《民法典》看待"家""协调人与家之间关系"

---

① 梁漱溟：《中国文化要义》，上海人民出版社2005年版，第29页。

的民法哲学立场，展现中国人对夫妻关系乃至婚姻家庭关系的基本态度。婚姻家庭是一个具有法的意义的伦理爱的温馨港湾，是一个有福同享、有难同当的亲情和财产的身份共同体、伦理共同体，家庭成员特别是夫妻间侧重整体协同，这是平等和睦、休戚与共、志同道合、忠实互让、敬老爱幼、团结协作的具有人身信赖关系的紧密结合型团体。

从中国社会传承几千年的重要家庭伦理道德——孝敬父母、重视亲情角度设例说明"婚姻家庭以爱为底色"。

在"女儿与父母共有房产分割案"中，父母为购房支付了大部分房款，并从子女利益考虑，让女儿刘某某占有房屋产权90%的份额，但作为女儿，原告刘某某以父母即二被告未经原告同意，擅自对该房进行装修，损害了原告的合法权利为由，请求依法分割共有房屋，判决该房屋中属于二被告的10%的房屋产权部分分割归原告所有，由原告补偿二被告2.8万元；二被告赔偿其擅自装修给原告造成的损失5000元。父母出资购房将产权登记在子女名下，具有赠与性质。子女不仅应在物质上赡养父母，也应在精神上慰藉父母，努力让父母安宁、愉快地生活。子女对父母赠与的房屋依《物权法》①分则行使物权，要求父母将所占房屋份额转让于已的诉求与善良风俗、传统美德不符，将损害父母生活，人民法院可依《物权法》总则的规定不予支持。②父母为子女含辛茹苦，将子女培养成人，子女长大后理应善待父母，为他们营造安定的生活环境。对女儿刘某某的诉请，从解释论上存在如下进路：

首先，对于《民法典》第301条的处分，我们通常理解主要是对外转让，

---

① 已失效。下文不再提示。
② 《刘某某诉刘某勇、周某容共有房屋分割案》，载《最高人民法院公报》2016年第7期，另载《人民法院案例选》2017年第1辑（总第107辑）》，人民法院出版社2017年版。本案还是最高人民法院2016年3月10日公布10起弘扬社会主义核心价值观典型案例之一，参见：《最高人民法院公布10起弘扬社会主义核心价值观典型案例》，载《人民法院报》2016年3月10日，第3版。

刘某某决定把父母的10%份额转让给自己，侵害了父母的按份共有所有权，因为是否转让应当由父母自己决定。

其次，按照《民法典》第303条规定，本案中父母擅自装修房屋可以认定构成重大事由需要分割共有物，刘某某主张的是作价分割，自己货币补偿父母，这样就不再适用第301条对外转让规则，但仍不符合第303条的适用条件——"共有人约定不得分割共有的不动产或者动产，以维持共有关系的"。

最后，根据《民法典》第303条规定，"按份共有人可以随时请求分割"。第304条第1款规定，共有人就分割方式达不成协议，又难以实物分割时，"应当对折价或者拍卖、变卖取得的价款予以分割"。本案刘某某的诉请即为折价分割，即便其诉请从具体规则角度于法有据，但仍有违敬老爱老的公序良俗原则。

《民法典》是亲情的试金石。祖父母、外祖父母抚养孙子女、外孙子女的隔代抚养是家庭中较为常见的生活模式。父母对未成年子女负有抚养、教育和保护的义务。有负担能力的祖父母、外祖父母，对于父母已经死亡或者父母无力抚养的未成年孙子女、外孙子女，有抚养的义务。在父母具备抚养能力的情况下，祖父母、外祖父母抚养孙子女、外孙子女并不是法定义务，也不是"为履行道德义务进行的给付"，而是近亲属间基于血缘、亲情的互相帮助。没有抚养义务的祖父母、外祖父母常年抚养照顾孙子女、外孙子女，也不简单属于纯粹的情谊行为，对劳务付出可以认定为纯粹的情谊行为，其他合理开支则不尽然。父母从祖父母、外祖父母的帮助抚养行为中获益，不能转嫁成本，不能将之视为理所当然，而应当心怀感恩，应当向祖父母、外祖父母支付因抚养孙子女、外孙子女而产生的必要费用。

在一起"奶奶索要'带孙费'案"中，奶奶代为直接抚养照顾孙子7年多，老人诉请儿子、儿媳妇返还自己为此支出的费用，法院认为老人代为抚养孙子构成无因管理,根据《民法典》第121条"没有法定的或者约定的义务,为避免他人利益受损失而进行管理的人,有权请求受益人偿还由此支出的必要费用"的规定,法院支持老人的诉请。[1]

无因管理之债中的必要费用返还请求权可以给予隔代抚养的祖父母、外祖父母一些必要但也有限的亲情宽慰,此种必要费用主要是指未成年人的生活费、教育费、医疗费等抚养费,并不包括老年人带孙的劳务报酬。未成年人的父母与祖父母、外祖父母约定代为抚养照顾孙子女、外孙子女有一定劳务费用的,依照其约定。

成年子女对父母负有赡养、扶助和保护的义务,对应"孝"。父母对未成年子女有抚养、教育和保护的义务,对应"慈"。父慈子孝双向互动[2],形成中国家庭的"反馈模式",共同构成了"齐家"的核心要义。成年子女不履行赡养义务的,缺乏劳动能力或者生活困难的父母,有要求成年子女给付赡养费的权利。实际上,赡养(赡养费给付请求权)和抚养(抚养费给付请求权)并不构成跨时空的对待给付,父母没有养过子女,不意味着子女成年后可以以此为理由不赡养父母。百善孝为先,成年子女赡养父母是中华民族的传统美德,也是法律的明确规定。赡养是法定义务,子女不能以任何理由来免除其应该尽到的赡养义务。不得为赡养义务附加条件,不能将赡养和分家产等问题联系在一起,不能认为分不到父母财产的子女即可不履行赡养义务。

---

[1] 古雪丽、张卫玲:《奶奶索要"带孙费" 法院:构成无因管理 应当支付》,载《新疆法制报》2022年10月15日,第8版。"罗某某诉张某某、周某某追讨垫付的抚养费纠纷案",重庆市第一中级人民法院(2019)渝01民终10387号民事判决书,该案被《人民法院案例选》2022年第6辑(人民法院出版社出版)收录评析。

[2] 有学者从法社会学的角度分析父慈子孝,肯定父母子女之间存在一个养老育幼的双务合同,包含对待给付和先履行抗辩权。参见苏力:《大国宪制:历史中国的制度构成》,北京大学出版社2018年版,第132—133页。

在一起"母亲离家出走30多年后现身，要求子女尽赡养义务案"中，母亲抛下未成年子女，离家出走，音讯全无，30多年后现身，要求子女赡养。法院判决指出赡养义务是法定的义务，即使父母未尽抚养义务，子女也不可以拒绝赡养。赡养老人是不能附加任何条件的。赡养义务不因为父母的原因而消除，虽然母亲未对子女尽抚养责任，存在过错，但这不能成为子女不尽赡养义务的理由。

作为家庭文明新时代内涵之一的敬爱，既包括敬老，也包括爱幼。未成年人利益最大化原则和最有利于未成年子女原则是家庭文明中"爱幼"理念更为具体的法律表达。

未成年人利益最大化原则在"全国首例非法代孕所生子女的监护权纠纷"中发挥重要作用。婚后未能孕育的夫妇购买了别人的卵子，并由丈夫提供精子，通过体外受精联合胚胎移植技术，委托另一名女性代孕分娩生育了一对龙凤胎。一双儿女才满三岁时孩子的父亲离世，一直抚养孩子的母亲与孩子无亲生血缘关系。公公、婆婆和儿媳争夺两个孩子的监护权。法院认为两个孩子属于夫妻一方的非婚生子女。两个孩子出生后，一直随父母共同生活三年之久，父亲去世后又随母亲共同生活达两年，母亲与两个孩子已形成有抚养关系的继父母子女关系，其权利义务适用父母子女关系的规定。祖父母监护顺序在母亲之后，因此其提起监护权主张不符合法律规定的条件。同时，从未成年人利益最大化原则考虑，由母亲取得监护权更有利于孩子的健康成长。因此，法院判决驳回祖父母要求担任孩子监护人并进行抚养的诉讼请求，由抚养孩子的母亲取得监护权。[1]

---

[1] 参见上海市第一中级人民法院（2015）沪一中少民终字第56号民事判决书。本书中的案例无特别说明的，均来自中国裁判文书网，最后访问日期：2024年5月21日。

四、《民法典》是感情的试金石

亚里士多德认为法律是没有感情的智慧,"法律恰正是全没有感情的"[①]。对此论断应该结合语境做辩证理解。亚里士多德所谓"法律是没有感情的智慧"是相对于人治的主观恣意而言的。亚里士多德此论断正是在回答"由最好的一人或由最好的法律统治哪一方面较为有利"过程中提出来的。[②]亚里士多德认为虽然不能期望完全按照成文法的"周详细致"的通则来统治,但法律的通则式规定却有利于避免个人感情用事的毛病,"只在法律所不能包括而失其权威的问题上才可让个人运用其理智"[③]。"法律恰正是全没有感情的"针对的是通过法律尽力降低人治主观恣意而有损公正而言的,并不意味着法律无关乎感情。

"如果从生活中排除掉亲爱和情谊,那么生活也就会失去一切乐趣。"[④]爱需要法律,法律在规制爱的过程中也需要与其他社会规范相协调,以妥当界定"法外空间"与"法内空间",防止法律对社会生活的过度"殖民化"。"法律规范以外其他社会生活规范之要求如何与法律规范之义务相互衔接,系值得探讨之关键问题。"[⑤]法不远人,法由人立,法为人立。《民法典》是"社会生活的百科全书"。《民法典》是感情的试金石。《民法典》始终饱含对世道人心的温柔注视,我们每一个人始终生活在民法温柔的目光里。《民法典》的任务就是纾解人们的懊恼和愁苦,增进人们的欢喜和快乐。《民法典》是人

[①] [古希腊]亚里士多德:《政治学》,吴寿彭译,商务印书馆1965年版,第166页。
[②] [古希腊]亚里士多德:《政治学》,吴寿彭译,商务印书馆1965年版,第165页。
[③] [古希腊]亚里士多德:《政治学》,吴寿彭译,商务印书馆1965年版,第166页。
[④] [古罗马]西塞罗:《论友谊》,载西塞罗:《西塞罗文集(政治学卷)》,王焕生译,中央编译出版社2010年版,第318页。
[⑤] 曾世雄:《损害赔偿法原理》,中国政法大学出版社2001年版,第64页。

法，是"以人为本"的法，《民法典》的大道初心是人文关怀理念与自由之精神。"人类社会属性的核心部分正是对亲密关系的需要。与他人的关系还是我们生活的中心内容：关系处理得好会带来极大的快乐，处理得不好则会造成重大的创伤。"[1]《民法典》是爱情和亲情的试金石，《民法典》也是友情的试金石。在友情的建立、维持和增进上，《民法典》教给我们宽容礼让和友善和睦的待人之道，努力培养宽容礼让、友善和睦、重情重义的情谊人。

伦理是情理的一部分，通过公序良俗等基本原则法理进入裁判。伦理离不开公序良俗、诚信、家庭文明等基本原则、基本价值取向。对自然人的伦理假设需要具体化，《民法典》对夫妻、其他家庭成员、家庭成员之外的普通人这三类人有不同伦理期待。伦理通过基本原则进入裁判文书，发挥裁判规范功能。不过在裁判文书说理中，伦理可以直接进入，无须假借其他，但若能和法理融合，说理效果会更好，可实现德法共治和法理情融合。应该尽量避免伦理和法理的冲突，努力通过解释化解，二者不是同一层级的问题，不容易比高下，二者一旦冲突了，又不是一个层面的问题，就有点关公战秦琼了，不好裁断，好在基本原则也有弹性解释空间，有包容性。伦理人的理论价值是努力弥补民法中人的形象的欠缺，打破理性经济人的垄断。理性经济人、社会特殊群体、伦理人、团体人、生态人都是理论总结概括，努力展现人的完整形象，汇合为自由全面发展的人。

人身关系法中的人是家庭文明的伦理人。"家庭功能的实现依赖于伦理基础，而伦理的动机是利他主义……夫妻之间是甘苦与共的互惠利他主义关系，父母子女之间是基于血缘无私奉献的纯粹利他主义关系，亲属之间是亲疏远近顺位有序的亲缘利他主义关系。作为兼容财产法与身份法的中国《民法典》要成为一部引领21世纪的良法，不仅要重视市场经济中利己主义的财产法，

---

[1] [美]罗兰·米勒：《亲密关系》，王伟平译，人民邮电出版社2015年版，第1页。

更要凸显非市场化的婚姻家庭关系中的利他主义价值导向。"[1]伦理人不简单等同于利他主义者。"亲属利他行为只是基因自私性在个体利他主义上的一种表现形式。"[2]"基因为了更有效地达到其自私的目的,在某些特殊情况下,也会滋长一种有限的利他主义。"[3]《民法典》对伦理人的人像,不单单是倡导,还有更多样的调整方法。

---

[1] 赵玉:《婚姻家庭法中的利他主义》,载《社会科学战线》2018年第10期,第202页。
[2] [英]理查德·道金斯:《自私的基因》,卢允中、张岱云、陈复加等译,中信出版社2018年版,30周年版简介第17页。
[3] [英]理查德·道金斯:《自私的基因》,卢允中、张岱云、陈复加等译,中信出版社2018年版,第3页。

友善和睦的情谊人

近代民法中的理性经济人是虚构的、拟制的。人并不只是被利益驱动的。"自由主义法律时代主观设想出来的经验的（人）平均类型是何等地异想天开。可以肯定的是，人绝不总是能够认识自己的利益或总是能够追求其已经认识到的利益的，人也绝不总是仅仅在根本上受其利益驱动的，而且当人们对困境茫然无措和轻率放荡这样的情况出现时，一个仅仅为精明的、自由的、自利的人类作出安排的法，必定使人的另一半同种并生的类群陷入灭绝。"[1]

理性经济人的人像是单调的、枯燥的、乏味的。启蒙运动弘扬古典主义和进步主义，追求理性唯一性。浪漫主义思想家认为人类的理性计算能力无法覆盖生命和生活中的一切。人是理性的，也是情感的。宽容礼让和友善和睦的情谊人是对理性经济人等民法中人的形象的补绘。

一、友善：《民法典》的基本价值取向

友善是中国古代思想家推崇的人际美德。孔子提倡"仁者爱人""泛爱

---

[1] ［德］古斯塔夫·拉德布鲁赫：《法律智慧警句集》，舒国滢译，中国法制出版社2001年版，第148页。

众";孟子的"仁民而爱物"思想则使友善的内涵超越了人际互助美德,容纳了处理人与自然关系上的代际友善或生态友善。中国古代传统法律制度和法律文化中"以礼入法"更使友善得到深度贯彻。在西方,亚里士多德在《尼各马可伦理学》中曾着重讨论伦理生活领域平等和友爱的关系,并形成了"友爱的平等观"学说。作为任何一个时代的生活主题,友善价值观在我国《民法典》中同样不可缺席。

(一)友善价值观是对个人主义方法论的必要补充

当前,我国社会出现了个体化的现象和趋势,随之而来的新兴主体性多强调个人权利与利益,而不重视个人对他人的义务。这种个人主义是扭曲的,这样的个人不具备公民的基本道德素质,甚至可能变为无公德的个人。

"从身份到契约"运动推翻的身份主要是一种家族的、不平等的、对人的权利能力或行为能力构成不合理限制的支配依附关系。社会个体化使人们从家族身份共同体的束缚中解放出来,但"失去共同体,意味着失去安全感"(英国社会学家齐格蒙特·鲍曼语),为了弥补个人在自然和社会面前的渺小无助,人们经由自己的意志形成了新的共同体,这就是友善的共同体(如人际友情)和利益的共同体(如公司、合伙企业等团体的存在)。在这里,友善价值观和团体法思维是对个人主义方法论的必要补充,有助于我们矫正扭曲的个人主义思维,使个体以友善之心待人,与他人友好互信、团结互助。

《民法典》的基本原则表达了民法上最重要的价值取向,是构建民法的内在实质体系的依据,也是自由、平等、诚信、友善等社会主义核心价值观的民法体现。笔者曾建议《民法典》应将友善和睦明确规定为民法的基本原则之一,在立法上则可与诚信原则合并表述。

（二）友善价值观是我国《民法典》内在价值体系的重要内容

友善体现了我国《民法典》处理人与人之间关系的立法哲学。互尊互信、团结互助的友善待人之道应成为《民法典》内在价值体系的重要内容。原因如下：

首先，民法关系到人们的日用常行，是对经济生活和伦理生活等社会生活中财产秩序和身份秩序等要求的表明和记载。从民法调整对象的广泛性的意义上说，民法是社会生活的百科全书。社会层面的核心价值观和公民个人层面的核心价值观理应同为民法的基本价值取向，友善也理应为《民法典》内在价值体系的应有之义。友善并非纯粹的道德问题，它也关涉法律，应对友善道德做必要的法律化，提倡友善和睦的价值观也有助于预防和及时化解民事纠纷。

其次，友善不能为诚信原则所涵盖。诚信原则旨在协调当事人之间的利益冲突以及当事人利益和社会公共利益之间的冲突。该原则属于强行性规范，它通过有关诚信义务的强制性规范的配置，主要维护最低限度的交易道德要求，而最低限度的交易道德是市场经济得以顺利运行的前提。因此该原则实际上承担着维护社会公共利益的使命，它以强制性规范的形式对民事主体提出了积极的要求，在功能上限制了私法自治原则发挥作用的范围。友善原则不同于诚信原则，其不能派生类似于诚信义务的"友善义务"，民法对诚信这一最低限度的交易道德可以配置强行性规范，但对友善这一互惠互助美德则适宜通过宽容、鼓励和必要的引导等方法调整。

最后，友善不能为公序良俗原则涵盖。公序良俗原则是公共秩序和善良风俗原则的合称。公共秩序是从国家角度要求的一般秩序或利益，善良风俗是从社会角度要求的一般道德观念。公序良俗原则旨在协调民事主体利益与国家利益或社会公共利益之间的关系，它通过配置禁止性规范的形式，消极地设定民事主体进行民事活动不得逾越的道德底线。公序良俗原则主要是最低限度的非交易道德的法律化，它特别体现在伦理生活领域，当然财产法律领域也往往存在以法律行为的外观侵害人身权益的情形，对此也应予以规制。友善不似公序良俗，民法对友善不宜配置禁止性规范的调整方法，更宜通过宽容、鼓励和必要引导的方法调整。

（三）情谊行为是友善价值观的典型体现

在私人伦理生活领域，友爱表现为友情、爱情和亲情，基于友爱会产生一系列情谊行为。民法学视野中的情谊行为是指行为人以建立、维持或增进与他人的相互关切、爱护为目的，不具有受法律约束意思的，后果直接无偿利他的行为，包括纯粹的情谊行为和转化形态的情谊行为，二者都是友善价值观的典型体现。纯粹的情谊行为及其在身份法领域所体现的身份情谊行为处于"法外空间"，不属于《民法典》的调整对象。情谊合同、情谊无因管理和情谊侵权行为则属于转化形态的情谊行为，被纳入"法内空间"，《民法典》应通过相关规则设计对其进行宽容、鼓励和必要的引导。友善价值观不仅应被规定为《民法典》的基本原则，还应体现到《民法典》的具体规则中，尤其是体现到容忍义务和转化形态的情谊行为相关法律规则中。我国《民法典》应该基于友善和睦原则规定民事主体的容忍义务，以发挥宽容调整方法对民事法律关系的介入功能。《民法典》应当将容忍义务从相邻关系或者侵权损害赔偿责任等传统领域上升为民事权利、义务的一般性规定。对于权利人正当行使权利给他人造成的不便，该他人负有适当容忍的义务。

纯粹友爱上的付出和回报仅属于纯粹的情谊行为，民法不宜介入其中，以免法律对生活干预过多。但情谊行为在实施过程中，可能会产生受惠者遭受法律上的损害或施惠者自身受到损害的情形，这就需要通过民法对其损害进行矫正弥补。施惠者利他的情谊行为导致受惠者的损害，就成为纯粹的情谊行为出现性质转化并进入"法内空间"的重要理由。

从转化形态的情谊行为视角看，我国民事立法对友善价值观的具体化尚有不足，不利于达成宽容、鼓励和必要引导的调整目的和方法。立法应着重对友善价值观做出相应调整完善和具体化，示例论证如下：

第一，我国《民法典》规定无偿保管中保管人须证明自己没有重大过失作为免责事由。有偿保管中，保管物毁损、灭失时，寄存人须对保管人保管不善之构成要件事实承担证明责任；但在无偿保管中，要求保管人"证明自己没有故意或者重大过失"，导致无偿保管中保管人的证明责任反倒比有偿保管中保管人的证明责任更重，这种显失公平的做法不利于鼓励无偿保管人无私利他。立法应该对此加以调整。在无偿保管中，保管物毁损、灭失时，由寄存人对保管人存在"故意或者重大过失"承担证明责任，才能实现对无偿保管人的宽容。

第二，对好意同乘中车主责任的减轻、帮工人的重大过失归责原则、见义勇为行为人所受损害的多元化救济机制等加以规定，这有助于实现对施惠者的鼓励，以免出现施惠者"好心没好报"的现象。

第三，在纯粹的情谊行为实施过程中，双方当事人互负相应的保护义务，有利于引导施惠者善始善终、将好事做到底。应对共同饮酒人对醉酒人致第三人损害时的补充赔偿责任、共同饮酒人对醉酒受害人所受损害的次要赔偿责任等加以规定，以实现对施惠者的必要引导。

例如，在一起"酒后死亡，同饮者担责案"中，梁某羽邀请张某、许某等人到其父梁某武家中聚餐饮酒至晚上9时左右。饭后，张某驾车离开，途中撞上道路旁树木死亡，经检测张某为醉酒驾驶且驾驶证尚在暂扣期间。法院认为，张某对死亡后果负有主要过错，梁某羽等人基于共同饮酒而负有安全保障义务，因未劝阻张某驾车离开，有一定过错，判决张某应当承担92%

的责任，梁某羽、梁某武承担5%的责任，其他共同饮酒人承担3%的责任。①

西塞罗说，如果从生活中排除掉亲爱和情谊，那么生活也就会失去一切乐趣。法不远人，民法乃至法律中都充满着浓厚的人文关怀色彩。以爱的方式去处理许多问题都要依靠法律，友善需要法律。②德国法学家阿图尔·考夫曼曾言，宽容在当今世界所扮演的角色要比过去来得重大，宽容应该成为多元社会的一项重要美德和重要法哲学价值。而在当下，友善的价值观规则应在我国《民法典》中得到弘扬，使之真正体现在《民法典》的基本原则和具体规则中，进而增强《民法典》的道德底蕴。

二、友善价值观在《民法典》总则编中的具体体现

体系化是《民法典》的生命。《民法典》的体系包括内在体系和外在体系，内在体系是由民法的基本原则构成的价值体系，外在体系是《民法典》的编纂结构等形式逻辑体系。《民法典》内在体系从形式到内容上都体现出丰富的"中国元素"。

（一）友善价值观丰富了民法内在价值体系的内容

民法的基本原则表达了民法上最重要的价值取向，是构建民法的内在实质体系的重要依据。大陆法系国家和地区多将民法基本原则停留于纯粹学理通说层面。《民法典》延续了《民法通则》③的立法经验，继续将民法的基本原则立法化，使得民法的基本价值取向从纯粹民法学问题中的价值判断问题

---

① 参见山东省荣成市人民法院酒后死亡同饮者担责案，2023年1月本案被评为"山东法院这五年"推动法治进程典型案件。

② ［古罗马］西塞罗：《西塞罗文集（政治学卷）》，王焕生译，中央编译出版社2010年版，第318页。

③ 已失效。下文不再提示。

上升为民法问题中的价值判断问题。《民法典》明确规定了平等、自愿、公平、诚信、公序良俗、绿色六大基本原则，这些基本原则也是平等、自由、公正、诚信、文明、和谐等社会主义核心价值观的体现。理解我国《民法典》的内在价值体系不应当单纯停留在对民法基本原则的解读上，还应该重视《民法典》的立法宗旨条款。

《民法典》第1条开宗明义将"弘扬社会主义核心价值观"作为民法的重要立法宗旨之一，社会主义核心价值观也就成为确立我国民法内在价值体系的又一重要依据。不同社会主义核心价值观在我国《民法典》中有不同的体现方式。

笔者曾向立法机关多次书面建议应将友善和睦明确规定为《民法典》的基本原则之一，在立法上可与诚信原则合并表述为："民事主体行使民事权利、履行民事义务以及从事其他民事活动应当遵循诚实信用、友善和睦原则。"友善和睦体现了我国《民法典》处理人与人之间关系的立法哲学，是社会主义友善核心价值观的民法体现。互尊互信、宽容礼让、团结互助的友善待人之道应成为《民法典》内在价值体系的重要内容。友善和睦原则也构成对以自愿原则为核心的民法个体主义方法论的必要补充，避免在市场经济生活和伦理家庭生活领域造就"无公德的个人"。虽然《民法典》未基于友善价值观将友善和睦原则上升为民法的基本原则，但作为"弘扬社会主义核心价值观"应有之义的"友善"也理应成为我国民法内在价值体系的重要内容。

（二）友善价值观有助于我们深入发掘民法外在规则体系背后的民法原理

从民法具体规则层面看，友善价值观有助于我们更深入理解《民法典》相关具体制度背后的深层民法原理，在理解民法相应具体规则"是什么"的同时，更加深刻理解其"为什么"，以下以《民法典》总则编相关规定为例作说明：

第一，《民法典》第2条规定了民法的调整对象，应该对该条做目的性限缩解释，从民法调整的平等主体之间人身关系和财产关系中排除纯粹的情谊关系，将纯粹的情谊关系交由友善道德调整，而不应该给纯粹情谊关系的当事人课加"友善义务"。当然，纯粹情谊关系中的施惠者也应负担必要的注意义务，以引导施惠者"好心办好事""好事办到底"，从而助力人际和睦友好。施惠者未尽到必要的注意义务给受惠者带来损害时，纯粹的情谊关系就会转化为受民法调整的民事法律关系。

第二，被宣告失踪人的财产代管人的财产代管行为具有无偿无私利他性质，对财产代管人基于一般过失给失踪人带来的财产损失，失踪人应该负担容忍义务，只有当财产代管人因故意或者重大过失造成失踪人财产损失时，财产代管人方须承担赔偿责任，《民法典》第43条第3款之规定也体现了立法者基于友善价值观对财产代管人的宽容。

第三，见义勇为等自愿实施的紧急救助行为属于广义的情谊行为，是友善价值观的民法体现。《民法典》第183条规定对见义勇为行为中救助者所受损害的救济，以期减少"英雄流血又流泪"的情形，消除救助者的后顾之忧，鼓励其无私利他、救危济困。

第四，《民法典》第184条规定见义勇为等自愿实施紧急救助行为造成受助人损害的，救助人不承担民事责任，这体现了立法者基于友善价值观对救助人的宽容，立法的宽容有助于进一步激发见义勇为、崇德向善、匡扶正义、友善和睦的善行义举。

综上可见，友善价值观不仅丰富了我国《民法典》的内在价值体系，还具体化为一系列民法规则。友善价值观也丰富了民法的调整方法，在自由为主、强制为辅的民法调整方法之外提供了必要引导、鼓励和宽容等更多样化的调整方法，进一步增强了《民法典》的道德底蕴，传承了中华民族的优良传统。

三、《民法典》中的宽容礼让友善和睦之道

"调节友谊的社会规范较之爱情关系的规范约束力较小，友谊也更易于解体。……友谊一般比爱情承担的责任更少，情感强度更弱，排他程度更低。"[1]如何防止友谊的小船说翻就翻？《民法典》为我们提供了宽容礼让、友善和睦、与邻为善之道。

例如，自费为小区购买游乐设施的业主对与之没有因果关系的损害结果不承担赔偿责任，该业主的行为丰富了小区业主生活，增进了邻里友谊，符合与人为善、与邻为善的传统美德，应予以肯定性的评价。[2]

再介绍一起"代接朋友孩子意外造成损伤免赔案"：女子帮熟人无偿接送孩子两年半，一次意外，竟被告上法庭。全职妈妈帮熟人无偿接送孩子两年半，回家途中将朋友的孩子安排在座位上，而自己的孩子站在脚踏板上，朋友的孩子从电动车后座意外跌落受伤，用去医疗费7757.04元。受伤孩子父母状告接送人，一审判决：骑车带俩孩子违规，须赔偿5000多元。二审改判：邻里朋友之间互帮互助值得肯定，不需要担责。法院二审审理认为，帮工是指无偿为他人提供劳务，帮工人与被帮工人之间往往具有特殊的社会关系，通常发生在亲朋好友、同事、邻居之间，具有临时性的特点，也可以理解为通常所说的助人为乐。代为接送孩子，双方未约定报酬，成立无偿帮工关系。这种邻里朋友之间的善意行为，互帮互助、团结友善的良好道德风尚是值得肯定的。帮工人没有故意或者重大过失，不必承担赔偿责任。[3]

---

[1] ［美］罗兰·米勒：《亲密关系》，王伟平译，人民邮电出版社2015年版，第219页。

[2] 《柳某诉张某莲、某物业公司健康权纠纷案》，最高人民法院2023年1月12日发布《人民法院贯彻实施民法典典型案例（第二批）》之十四，载最高人民法院网，https://www.court.gov.cn/zixun/xiangqing/386521.html，最后访问日期：2024年3月5日。

[3] 山东省济南市中级人民法院（2021）鲁01民终400号民事判决书。

《民法典》第929条规定："有偿的委托合同，因受托人的过错造成委托人损失的，委托人可以请求赔偿损失。无偿的委托合同，因受托人的故意或者重大过失造成委托人损失的，委托人可以请求赔偿损失。受托人超越权限造成委托人损失的，应当赔偿损失。"上述案例与前几年给邻家孩子吃香蕉造成意外而免赔的案件，都体现了宽容礼让的待人之道，无疑有利于弘扬社会主义核心价值观。

积极救助他人不仅是道德上的要求，也可能成为法定义务，在特定场合下的不作为应承担相应的法律责任，这体现了《民法典》友善和睦的待人之道。"公园打牌突发疾病，牌友应当积极救助"一案中，牌友应履行及时合理的积极救助义务，否则导致迟延救治，牌友不作为行为与死者死亡结果之间存在一定的因果关系，会转化为情谊侵权行为，承担相应侵权责任。对特定情形下见死不救的行为作否定评价，有助于倡导仁爱助人的道德风尚、弘扬友善的社会主义核心价值观。[①]

2021年1月4日，《民法典》施行后，北京首案"打羽毛球被击中右眼状告球友"审理。法院认为，羽毛球运动是典型的对抗性体育运动项目，除扭伤、拉伤等风险外，较为突出的风险即为参赛者易被羽毛球击中。原告作为多年参与羽毛球运动的爱好者，对于自身和其他参赛者的能力以及此项运动的危险性，应当有所认知和预见，但仍自愿参加比赛，应认定为自甘冒险的行为。在此情况下，只有被告存在故意或重大过失时，才需承担侵权损害赔偿责任，否则无须担责。法院认为，被告回球时并无过多考虑、判断的时间，且高度紧张的比赛氛围会导致参赛者注意力集中于运动，很难要求参赛者每次行为都经过慎重考虑，故应将此情形下的注意义务限定在较一般注意义务更为宽松的体育道德和规则范围内。被告杀球进攻的行为属于该类运动的正常

[①] 江苏省宿迁市中级人民法院：《公园打牌突发疾病 牌友应当积极救助》，2021年12月江苏省高级人民法院、中国法学会案例法学研究会江苏研究基地发布第二批弘扬中华优秀传统文化典型案例之一。

技术动作，并不存在明显违反比赛规则的情形，故不应认定其存在重大过失。

本案并不具备依据原《侵权责任法》[①]第24条适用公平责任的条件，《民法典》第1186条更是明确规定了公平原则适用于法律规定的情形，而现行法律并未就本案所涉情形应适用公平责任进行规定，相反案涉情形该如何定责已由《民法典》第1176条第1款予以明确规定，故案件不具有适用公平责任的条件。《民法典》严格限定了自甘冒险规则的适用情形，规定其适用于具有一定危险性的文体类活动，且仅适用于因参与者的行为造成的损害，并不能与公平分担损失的规定同时适用。具有一定风险的文体活动中，参加者适用自甘冒险规则，组织者适用安全保障义务规则。自甘冒险规则中无重大过失的其他参加者免责，这是宽容礼让待人之道的体现。

《民法典》第1217条减轻好意同乘机动车使用人的责任，体现了友善这一社会主义核心价值观。第1217条规定："非营运机动车发生交通事故造成无偿搭乘人损害，属于该机动车一方责任的，应当减轻其赔偿责任，但是机动车使用人有故意或者重大过失的除外。"以下是一组《民法典》施行后多地"好意同乘"第一案：

2021年1月4日，《民法典》实施后，南京首例"好意同乘案"调解结案。[②]2019年初夏，50多岁的江某开越野车，带着刘某等三名同事去安徽游玩。途中江某驾驶的越野车偏离了路线，冲向了一旁的树林，翻车后坠入水库。除副驾驶位置上一名同事幸免于难外，江某和刘某及另外一名同事全部身亡。当地的交警部门认定：江某在驾驶过程中存在超速行为，承担这起事故的全部责任。2020年，刘某的家属向法院提起诉讼，要求江某家人承担死亡赔偿金等共计110万元。江某没有购买车上人员险，所以这些费用保险公

[①] 已失效。下文不再提示。

[②] 《好心搭载同事出意外，面临巨额赔偿！〈民法典〉实施后，法院这样做》，载光明网，https://m.gmw.cn/baijia/2021-01/06/1302007209.html，最后访问日期：2024年5月21日。

司不承担。江某家人提出愿意承担一定的补偿，但是无力承担如此高额的赔偿。法院法官做了大量工作，原告、被告也考虑到两位死者生前是好友，同意进行调解。法官向双方释明了《民法典》的相关规定，经过协商，被告支付给原告部分补偿，顺利调解结案。

2021年1月5日，宁波余姚市人民法院宣判了宁波市首例适用《民法典》新增规定的案件，就一起交通事故引发的赔偿纠纷案作出一审判决，判令司机李某向无偿搭乘的乘客张某承担赔偿责任。虽然原告张某属于无偿搭乘，但由于事故认定书记载司机李某对事故负有全部责任，属《民法典》中机动车使用人具有故意或重大过失的情形，故法院最终认定李某不符合减轻赔偿责任情况。

2021年1月7日，嘉兴市中级人民法院二审判决一起机动车交通事故责任纠纷，认定相撞两车的两位驾驶员对于事故的发生承担同等责任，其中一车的驾驶员朱某与搭乘人之间构成"好意同乘"，应当减轻朱某的赔偿责任，搭乘人乘坐机动车未按规定使用安全带，对于自身受伤具有次要过错。二审法院将一审法院认定的朱某承担45%的赔偿责任改为承担35%的赔偿责任，搭乘人自己承担20%的损失，另车驾驶员承担45%的赔偿责任，这是浙江省首例适用《民法典》"好意同乘"规定减轻驾驶人赔偿责任的案件。法院认定，虽然朱某开车转弯时未让直行车辆，操作不当，是导致事故的过错之一，但尚不构成重大过失，可依法酌情减轻其赔偿责任。

2021年1月6日，莆田市城厢区人民法院宣判一起"好意同乘"引发的事故纠纷案件，该案是《民法典》实施以来福建省"好意同乘"第一案。林某驾驶普通二轮摩托车搭载林子某，途经城厢区广化路时撞上中央金属护栏，二人受伤。经莆田市公安局城厢分局交警大队认定，林某负本次事故全部责任。鉴于林子某系无偿搭乘林某驾驶的机动车，同时考虑林子某在搭乘车辆时未审查林某是否持有与准驾车型相符的驾驶证，未尽安全注意义务，法院酌定由林子某自负20%的责任，林某承担80%的赔偿责任。

团结协作的团体人

民主价值观是我国《民法典》处理人与社会之间关系的重要立法哲学。民主价值观丰富了《民法典》的价值取向。民主价值观在我国《民法典》中主要体现在决议行为具体制度层面，并能通过这些制度配置丰富《民法典》的价值定位。"民主是历史的、具体的、发展的"[1]。决议行为是民事法律行为的新类型，是民主价值观的具体化和直接体现。"民主与国家治理紧密相关。民主的发展与国家治理的现代化相伴相生，相互作用，相互促进。……好的民主一定是实现良政善治的，一定是推动国家发展的。"[2]社会治理是国家治理的重要方面，社会治理现代化是国家治理体系和治理能力现代化的题中之义。必须加强和创新社会治理，完善协商民主的社会治理体系。"从党的十八届三中全会提出加快形成科学有效的社会治理体制，到党的十九大提出打造共建共治共享的社会治理格局，再到党的十九届四中全会提出坚持和完善共建共治共享的社会治理制度，标志着我们党对社会治理规律认识的不断深化。"[3]

---

[1] 中华人民共和国国务院新闻办公室：《中国的民主》白皮书，载国务院新闻办公室网站，http://www.scio.gov.cn/gxzt/dtzt/2021/zgdmzbps/，最后访问日期：2023年12月30日。

[2] 中华人民共和国国务院新闻办公室：《中国的民主》白皮书，载国务院新闻办公室网站，http://www.scio.gov.cn/gxzt/dtzt/2021/zgdmzbps/，最后访问日期：2023年12月30日。

[3] 郭声琨：《坚持和完善共建共治共享的社会治理制度》，载《人民日报》2019年11月28日，第6版。

决议行为是民事法律行为的新类型。农民集体决议是健全乡村治理体系的重要环节。业主大会决议是社区治理体系建设的重要环节。公司决议是完善公司治理的重要方式。社会组织决议是社会组织民主管理、参与社会公共事务治理的重要方式。决议行为是民主价值观在民商法领域的直接体现。农民集体决议、业主大会决议、公司决议、社会组织决议制度解决乡村、社区等团体社会生活中"谁来治理""治理什么""如何治理""治理边界"的问题，决议主体、决议事项、决议程序、决议效力等属于具体技术措施，把民主价值观的要求融入法治建设和社会治理，推动乡村治理体系的健全和城市小区善治，打造共建、共治、共享的社会治理体系，增强民众的民主获得感。

我们要完善群众参与基层社会治理的决议行为这一制度化渠道，健全党组织领导的自治、法治、德治相结合的城乡基层治理体系，实现政府治理和社会调节、居民自治良性互动。私法自治原则在业主大会决议行为领域体现为经由业主自主选择、作出表达意思，实现集体决策过程中的自我决定。

"民主是全人类的共同价值。"全过程人民民主是原创性概念、判断、范畴、理论。全过程人民民主丰富了人类政治文明形态，为人类政治文明进步贡献中国智慧，是中国式民主道路，具有丰富具体的理论内涵和实践指导力。全过程人民民主具有政治性、人民性、实践性、广泛性、法治性、制度性的鲜明品格和基本特点。

第一，全过程人民民主具有政治性特点。

中国共产党是领导我们事业的核心力量。中国共产党领导是中国特色社会主义最本质的特征。中国共产党领导人民实现全过程人民民主，在独立自主的基础上走出一条具有中国特色的民主发展道路，为丰富人类政治文明多样性贡献智慧和力量。全过程人民民主，是中国共产党团结带领人民追求民主、发展民主、实现民主的伟大创造，是党不断推进中国民主理论创新、制度创新、实践创新的经验结晶。发展全过程人民民主，必须毫不动摇地坚持中国共产党的领导。

1945年毛泽东同志指出我们已经找到跳出治乱兴衰的历史兴亡周期率的新路："我们已经找到新路，我们能跳出这周期率。这条新路，就是民主。"[1] 1978年邓小平同志指出："为了保障人民民主，必须加强法制。必须使民主制度化、法律化，使这种制度和法律不因领导人的改变而改变，不因领导人的看法和注意力的改变而改变。"[2]

2019年11月2日，习近平总书记考察上海市长宁区虹桥街道基层立法联系点时，第一次提出"人民民主是一种全过程的民主"[3]。2021年3月11日修正的《全国人民代表大会组织法》明确将"全过程民主"写入其中。2021年7月1日，在庆祝中国共产党成立100周年大会上的重要讲话中，习近平总书记提出要"践行以人民为中心的发展思想，发展全过程人民民主"[4]，在其中加入了"人民"二字。中央人大工作会议2021年10月13日至14日在北京召开，习近平在会议上发表重要讲话，第一次系统阐述了全过程人民民主这一重大理念，强调坚持和完善人民代表大会制度，不断发展全过程人民民主。[5]

第二，全过程人民民主具有人民性特点。

"民心是最大的政治。"[6] 2017年党的十九大报告指出，中国特色社会主义

---

[1] 中共中央文献研究室：《毛泽东年谱1893—1949》（中卷），中央文献出版社1993年版，第610页。

[2] 《邓小平文选》（第二卷），人民出版社1994年版，第146页。

[3] 《习近平：中国的民主是一种全过程的民主》，载新华网，http://www.xinhuanet.com/politics/leaders/2019-11/03/c_1125186412.htm，最后访问日期：2023年12月30日。

[4] 习近平：《在庆祝中国共产党成立100周年大会上的讲话》，载《求是》2021年第14期，第9页。

[5] 《习近平在中央人大工作会议上发表重要讲话》，载中国人大网，http://www.npc.gov.cn/npc/kgfb/202110/4edb8e9ea1f240b9bfaf26f97bcb2c27.shtml，最后访问日期：2023年12月30日。

[6] 《中国共产党第十九届中央委员会第六次全体会议文件汇编》，人民出版社2021年版，第95页。

进入新时代，我国社会主要矛盾发生转化，人民美好生活需要日益广泛，不仅对物质文化生活提出了更高要求，而且在民主、法治、公平、正义、安全、环境等方面的要求日益增长。[①]

"中国的民主是人民民主，人民当家作主是中国民主的本质和核心。"[②]习近平总书记2021年2月20日在党史学习教育动员大会上指出："历史充分证明，江山就是人民，人民就是江山，人心向背关系党的生死存亡。"[③]全过程人民民主具有鲜明的人民性品格，坚持人民至上。人民是全过程人民民主的参与者和受益者，是中国民主的力量。全过程人民民主强调人民广泛有效完整持续地参与实践，有力保障人民的知情权、参与权、表达权、监督权等民主权利，充分彰显人民的主体地位。全过程人民民主通过更好地保障人民民主权利的实现，增强人民对民主的获得感，不断推动人的全面发展。

第三，全过程人民民主具有实践性特点。

全过程人民民主是理论逻辑、历史逻辑和实践逻辑的有机统一，是符合自身实际、能够解决问题的真民主、好民主。民主和国家治理、社会治理紧密相关。全过程人民民主通过完整的制度程序解决国家治理和社会治理过程中需要解决的实践问题。全过程人民民主系统回答国家事务和社会公共事务中谁来治理、治理什么、如何治理、治理边界的问题，避免出现没有治理的、程序空转的、失灵低效的民主。

世所罕见的经济快速发展奇迹和社会长期稳定奇迹离不开我们在经济社会发展，在国家治理、社会治理重大问题上提出的全过程人民民主重要论断、开展的生动实践。全过程人民民主的实践性覆盖经济社会生活各领域，

---

① 习近平：《决胜全面建成小康社会，夺取新时代中国特色社会主义伟大胜利》，载《习近平谈治国理政》（第三卷），外文出版社2020年版，第9页。

② 中华人民共和国国务院新闻办公室：《中国的民主》白皮书，载国务院新闻办公室网，http://www.scio.gov.cn/gxzt/dtzt/2021/zgdmzbps/，最后访问日期：2023年12月30日。

③ 习近平：《在党史学习教育动员大会上的讲话》，载《求是》2021年第7期，第11页。

指导我们充分发挥市场在资源配置中的决定性作用，更好地发挥政府作用，有效弥补市场失灵。全过程人民民主在协调市场、社会和政府关系过程中，在提升治理效能过程中推动建立有效市场、活力社会和有为政府，呈现出活力和秩序有机统一。

第四，全过程人民民主具有广泛性特点。

全过程人民民主全方位体现在国家政治生活和社会生活之中，涵盖经济、政治、文化、社会、生态文明等各个方面，关乎国计民生，广泛关注国家发展大事、社会治理难事、百姓日常琐事，确保人民通过各种途径和形式广泛管理国家事务、管理经济和文化事业、管理社会事务。

民主是社会主义现代化强国建设的重要目标。我国《宪法》序言中要求："把我国建设成为富强民主文明和谐美丽的社会主义现代化强国，实现中华民族伟大复兴。"《宪法》第3条第1款规定："中华人民共和国的国家机构实行民主集中制的原则。"民主理论不仅在国家政治生活中有强大解释力和指导力，在社会生活中也得到深度体现。民主是一种社会管理体制，加强对全过程人民民主的理论研究不能只着眼于国家机构的民主，还需要关注社会中的民主。"全过程人民民主，使人民当家作主更好体现在国家政治生活和社会生活之中"[①]。

第五，全过程人民民主具有法治性特点。

全过程人民民主是法治保障的民主、实现民主的法律化。全过程人民民主是制度化、规范化、程序化的民主。全过程人民民主坚持党的领导、人民当家作主、依法治国有机统一。

法治保障人民的民主权利，法治规范民主的实现程序。"社会主义民主法治更加健全"是《中国共产党第十九届中央委员会第五次全体会议公报》提

[①] 中华人民共和国国务院新闻办公室：《中国的民主》白皮书，载国务院新闻办公室网，http://www.scio.gov.cn/gxzt/dtzt/2021/zgdmzbps/，最后访问日期：2023年12月30日。

出的"十四五"时期经济社会发展主要目标之一。

法治保障民主的实现，民主也可以反作用于法治的实现。经法律正当程序规则保障的民主是真正的民主。要在法治轨道上推进全过程人民民主的发展完善。良法和善治构成法治最低限度的两个条件，法治的实现离不开制定得良好的法律这一必要条件，而法律要制定得良好则离不开民主立法和科学立法。

第六，全过程人民民主具有制度性特点。

全过程人民民主是我国国家制度和国家治理体系的鲜明特色、显著优势。全过程人民民主离不开科学有效可靠的制度安排，以实现民主制度化。我们需要坚持完善和发展全过程人民民主的制度体系，发展社会主义民主政治。

具体现实的全过程人民民主实践是选举民主与协商民主的结合，是民主选举、民主协商、民主决策、民主管理、民主监督的全链条贯通。不能将民主的内涵窄化为竞争性投票选举。以竞争性选举为核心的票决民主难以支撑起完整意义上的民主政治，民主选举并非民主制度的唯一和全部。民主协商和民主决策可以克服议而不决的不良现象，民主管理和民主监督可以克服决而不行、行而不实的不良现象。民主集中制可以避免相互掣肘、效率低下的弊端。科学有效可靠的民主制度安排和具体现实的民主实践实现了过程民主和成果民主、程序民主和实质民主、直接民主和间接民主、人民民主和国家意志相统一。

《民法典》从五个维度落实民主价值观和全过程人民民主理论，培养团结协作的人：民主价值观丰富了《民法典》的内在价值体系；《民法典》对民主价值观作了科学有效的制度安排；《民法典》开创了决议行为立法新体例；《民法典》将决议行为类型化以保障具体现实的民主实践；《民法典》决议行为法律制度实现了广泛真实管用的民主。

近代民法中的人法仅规范自然人，这是一种典型的原子式的个人主义思维。现代民法的团体法思维和市场经济实用主义观念构成对近代民法伦理学人格主义的反思。我国《民法典》中的团体法思维主要体现为两个方面：一是妥当回应人类经济生活和非经济社团生活的需要，丰富法人社团和非法人社团的类型。二是赋予民事团体健全有力的私法自治工具，如非法人团体和设立中的法人团体主要通过共同行为来实践私法自治，成立后的法人团体主要通过决议行为来落实私法自治。团结协作的团体人是对理性经济人等民法中人的形象的补绘。

代际友好的生态人

党的二十大报告指出，"中国式现代化是人与自然和谐共生的现代化"。中国式现代化的本质要求之一是"促进人与自然和谐共生"。[①]

随着生态环境保护问题越来越重要，绿色原则也就逐渐从公序良俗原则尤其是公共秩序中凸显独立出来，成为一项基本原则。《民法典》第9条规定了绿色原则："民事主体从事民事活动，应当有利于节约资源、保护生态环境。"绿色原则是习近平生态文明思想与和谐价值观的立法表达，展现了人与自然和谐共生的要求，体现了我国《民法典》对于人与自然关系的关注。绿色发展理念是新发展理念之一，绿色是一种新的生活方式，绿色原则也是《民法典》新增的一项基本原则。将绿色原则作为《民法典》的基本原则，是我国《民法典》的首创。绿色原则是代际正义观的体现，因应资源日益枯竭、环境日益恶化的时代特征，具有突出的时代特色。代际正义观还可以更多地通过民事责任的配置、自然资源国家所有权和用益物权制度、环境保护公共利益对当事人之间合同的介入、生态破坏和环境污染救济制度等来进一步具体落实。《民法典》根据绿色原则的要求，对生态环境破坏问题提供救济。绿色原则还强调对损害的预防，在环境保护方面做到"防患于未然"。

[①] 习近平：《高举中国特色社会主义伟大旗帜　为全面建设社会主义现代化国家而团结奋斗——在中国共产党第二十次全国代表大会上的报告》，人民出版社2022年版，第23-24页。

"绿水青山就是金山银山。"[①] "经济要环保，环保要经济。""环境就是民生。"绿色原则丰富了我国民法基本原则对应的内在价值体系。作为民法基本原则的绿色原则同样具有抽象概括性、效力的贯穿始终性和规范性质的强行性等特点。人与自然是生命共同体。绿色原则是民法社会化的重要体现。绿色原则对自愿原则和个人权利进行必要的限制，以维护生态环境公共利益，平衡个人利益和社会公共利益，实现人与自然的和谐共生，培养代际友好的生态人，助力建设美丽中国。

《民法典》第509条第3款规定："当事人在履行合同过程中，应当避免浪费资源、污染环境和破坏生态。"第558条规定："债权债务终止后，当事人应当遵循诚信等原则，根据交易习惯履行通知、协助、保密、旧物回收等义务。"第619条规定："出卖人应当按照约定的包装方式交付标的物。对包装方式没有约定或者约定不明确，依据本法第五百一十条的规定仍不能确定的，应当按照通用的方式包装；没有通用方式的，应当采取足以保护标的物且有利于节约资源、保护生态环境的包装方式。"第625条规定："依照法律、行政法规的规定或者按照当事人的约定，标的物在有效使用年限届满后应予回收的，出卖人负有自行或者委托第三人对标的物予以回收的义务。"

买椟还珠是一个成语，最早出自战国时期韩非的《韩非子·外储说左上》，指买了装珍珠的木匣，退还了珍珠；比喻取舍不当，主次不分，误认为次要的东西比主要的东西还要好。当下，快递货运行业中存在过度包装、包装物不回收的现象。换一个角度、会通古今地看，买椟还珠的故事一定程度上可以解释买卖合同中的过度包装问题。

[①] 习近平：《共谋绿色生活，共建美丽家园》，载《习近平谈治国理政》（第三卷），外文出版社2020年版，第375页。

国家厉行节约，反对浪费。国家倡导文明、健康、节约资源、保护环境的消费方式，提倡简约适度、绿色低碳的生活方式。我们应当树立文明、健康、理性、绿色的消费理念，反对铺张浪费，养成浪费可耻、节约为荣、物尽其用的行为习惯和思想意识。防止食品浪费、保障国家粮食安全是弘扬中华民族传统美德、践行社会主义核心价值观、节约资源、保护环境和促进经济社会可持续发展的当然要求。《反食品浪费法》第7条第4款规定："餐饮服务经营者可以对参与'光盘行动'的消费者给予奖励；也可以对造成明显浪费的消费者收取处理厨余垃圾的相应费用，收费标准应当明示。"

绿色原则不仅可以作为民事主体从事民事活动的行为准则，还可以作为立法准则和司法准则发挥作用，绿色原则具有裁判规范功能，不能认为绿色原则仅仅是宣示性规定。绿色原则具体化后的具体规则应当优先被适用，绿色原则可以更多地通过民事责任的配置、自然资源国家所有权和用益物权制度、环境保护公共利益对当事人之间合同的介入、出卖人对被国家列入废弃产品处理目录中产品的回收义务、生态破坏和环境污染救济制度等来进一步具体落实。当事人之间的合同行为违反特别法上环境保护效力性禁止性规定时，如《环境保护法》第46条、《政府采购法》第9条、《清洁生产促进法》第24条或者《节约能源法》第28条等，会导致合同无效。绿色原则只有在具体规则有漏洞时，方兜底发挥裁判规范功能和弥补漏洞的作用。

在资源浪费引起的民事纠纷案件中，从法律具体规则层面找不到裁判规范时，可以适用《民法典》第9条和第132条兜底条款发挥裁判规范功能。已经有法院将绿色原则作为裁判规范加以援引，以阐明具体民事权利的行使边界。如委托人解除承包地委托管理协议后，有权要求受托人返还承包地，但受托人已经在承包地上种植小麦的，若要求承包人在小麦尚未成熟时即返还涉案土地，则不利于节约资源，受托人将小麦收割完毕后，再向委托人返还承包地为宜。

例如,"郭某与魏某作委托合同纠纷一审民事判决书"("麦地净地返还案")中,原《民法总则》①第9条成为裁判基础规范之一。法院在裁判该委托合同解除纠纷时认为:根据《合同法》②第410条规定,委托人或者受托人可以随时解除委托合同。因解除合同给对方造成损失的,除不可归责于该当事人的事由以外,应当赔偿损失。故郭某要求解除种植管理协议的诉求,符合上述法律依据,本院应予以支持。郭某虽可随时解除委托种植管理协议,但要求返还涉案土地,理应在土地上农作物成熟前的合理时间内通知魏某作,现涉案土地已被魏某作耕种上小麦,小麦尚未成熟,如果此时要求魏某作返还涉案土地,不利于节约资源,综合本案的实际情况,应在小麦收割完毕后予以返还,考虑小麦的收割时间及夏季耕种时间,魏某作于2018年6月20日前将涉案土地承包经营权返还郭某较为适宜。③

又如,就侵权恢复原状责任的实施,在"任某与陈某财产损害赔偿纠纷二审民事判决书"("强制拆除房屋案")④中,法院认为:基于对资源的有效利用,本案应对任某享有的土地使用权进行合理限制,不宜判决强制拆除房屋。大部分购房人基于善意购买并占有了部分房屋,法律应对其占有权益进行合理的保护,以便房屋的使用价值得以充分发挥。《转让协议》签订至今已有12年之久,早已时过境迁,强制将案涉土地恢复到2005年转让时的原状,将导致合同履行的低效率;并且修建房屋耗费了大量的人力物力,如若拆除,也无疑是对社会资源的极大浪费。根据原《民法总则》第9条的规定,本案中任某虽享有案涉土地的产权,但从对土地资源的有效利用角度考虑,不宜判决强制拆除房屋。在陈某已将"三楼一底"房屋和"四楼一底"房屋

---

① 已失效。下文不再提示。
② 已失效。下文不再提示。
③ 山东省单县人民法院(2017)鲁1722民初4794号民事判决书。
④ 重庆市高级人民法院(2018)渝民终201号民事判决书。

修建完成并对外出售的情况下，判决将某农贸市场"三楼一底"房屋恢复至框架结构中间未隔断的原状并拆除"四楼一底"房屋，将会造成对社会资源的重大浪费，有违节约资源、保护生态环境的民事立法原则。

人类要尊重生命和敬畏自然。世界上所有的生命都在微妙的平衡中生存，共生共赢，生生不息。生命是一个循环，是一个和谐共生的系统。"'天人合一'的生命哲学。'天人合一'是中华优秀传统文化的最高境界，其核心就是强调人与自然的和谐统一。"①"世界上所有生命，都有它存在的价值。身为国王，你不但要了解还要去尊重所有的生物，包括爬行的蚂蚁和跳跃的羚羊。"今天的人类，正面临生物多样性丧失的严峻挑战。"万物并育而不相害，道并行而不相悖。""物之不齐，物之情也。"2020年9月30日，在联合国生物多样性峰会上，习近平主席首次提出"共建万物和谐的美丽世界"这一重大倡议。"人与自然是命运共同体。"②"万物和谐"是中国人对无处不在、无时不有的多样共存的哲学和诗意表达。

我们应该适当借鉴生命伦理学理念，反思人类中心主义思维。传统民法关注动物、植物的民事法律关系客体、物权客体属性，相对忽略了其资源属性、生态属性、与公共卫生安全的密切关联性和生物多样性价值。我们应该更加辩证地看待动物的法律定位，妥善处理人与自然的关系，唯愿山河永固、众生皆安。2020年2月24日下午十三届全国人大常委会第十六次会议表决通过《关于全面禁止非法野生动物交易、革除滥食野生动物陋习、切实保障人民群众生命健康安全的决定》。该决定第2条规定："全面禁止食用国家保护的'有重要生态、科学、社会价值的陆生野生动物'以及其他陆生野生动物，包括人工繁育、人工饲养的陆生野生动物。全面禁止以食用为目的猎

---

① 教育部课题组：《深入学习习近平关于教育的重要论述》，人民出版社2019年版，第244页。
② 习近平：《在联合国生物多样性峰会上的讲话》，载《人民日报》2020年10月1日，第2版。

捕、交易、运输在野外环境自然生长繁殖的陆生野生动物。对违反前两款规定的行为，参照适用现行法律有关规定处罚。"2020年5月28日《农业农村部　国家林业和草原局关于进一步规范蛙类保护管理的通知》指出："根据专家研究论证意见，对于目前存在交叉管理、养殖历史较长、人工繁育规模较大的黑斑蛙、棘胸蛙、棘腹蛙、中国林蛙（东北林蛙）、黑龙江林蛙等相关蛙类（以下简称'相关蛙类'），由渔业主管部门按照水生动物管理。""各地渔业主管部门要依据有关法律法规，加大相关蛙类野生资源保护力度，利用活动仅限于增养殖群体。除科学研究、种群调控等特殊需要外，禁止捕捞相关蛙类野生资源；确需捕捞的，要严格按照有关法律规定报经相关渔业主管部门批准，在指定的区域和时间内，按照限额捕捞。""积极会同公安、市场监管等部门加大执法监管力度，严厉打击非法捕捞、出售、购买、利用相关蛙类野生资源的行为。"

从生命伦理学理念出发，民法的正义观还包括代际正义，这是我国《民法典》妥当回应21世纪人与自然（资源、生态环境）关系的时代方案。《民法典》借鉴了公法中的程序正义观和代际正义观，以促进团体生活有序和妥当协调人与自然的关系。当代人在利用资源、能源、生态、环境的过程中不应该危及后代人的相应能力，要保持代际正义、生态友善和可持续发展。《民法典》第9条将"绿色原则"从"公序良俗原则"中独立出来，不将其作为民事权利的行使规则，而提升为民法的一项新的基本原则，丰富了民法的内在价值体系，是《民法典》应对21世纪资源环境日益恶化趋势的重要举措。

绿色发展理念、绿色生活方式和消费习惯、《民法典》绿色原则、代际正义共同致力于培养代际友好的生态人，共同助力人与自然和谐共生的中国式现代化。代际友好的生态人也是对理性经济人等民法中人的形象的补绘。

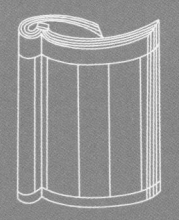

第二章

关爱特殊群体

人体冷冻胚胎的"命运"

2013年3月20日,江苏宜兴的一对夫妇因车祸去世。两人生前在南京某医院保存有受精胚胎,但由于当事人已离世,胚胎所有权出现问题,双方父母与医院诉诸法院,最终法院判令医院交出胚胎,这就是"中国首例冷冻胚胎继承权纠纷案"。

在"中国首例冷冻胚胎继承权纠纷案"中,两对失独父母争夺对子女的冷冻胚胎的监管权和处置权,2014年5月15日,一审法院判决认为,受精胚胎具有发展为生命的潜能,是含有未来生命特征的特殊之物,不能像一般之物那样任意转让或继承,故其不能成为继承权的标的。在我国法律对胚胎的法律属性没有明确规定的情况下,2014年9月17日,二审法院从伦理、情感和特殊利益保护三个方面阐述了支持失独老人获得子女冷冻胚胎监管权、处置权的理由。认为"双方父母与涉案胚胎亦具有生命伦理上的密切关联性",又是"唯一关心胚胎命运的主体","应当是胚胎之最近、最大和最密切倾向性利益的享有者"。本案所涉冷冻胚胎承载着生者对亡者的哀思寄托、精神慰藉、情感抚慰等人格利益。涉案胚胎由死者的双方父母监管和处置,既合乎人伦,亦可适度减轻其丧子失女之痛楚。胚胎是介于人与物之间的过渡存在,具有孕育成生命的潜质,比非生命体具有更高的道德地位,应受到特殊尊重与保护。当然,权利主体在行使监管权和处置权时,应当遵守法律且不得违背公序良俗和损害他人之利益。至于南京某医院在诉讼中提出,根据卫生部相关规定,胚胎不能买卖、赠送和禁止实施代孕,但并未否定权利人对胚胎享有的相关权利,且这些规定是卫生行政管理部门对相关医疗机构和人员在从事人工生殖辅助技术时的管理规定,南京某医院不得基于部门规章的行政管理规定对抗当事人基于私法所享有的正当权利。①

人体冷冻胚胎究竟能不能作为民事法律关系的客体,属于纯粹民法学问题中的解释选择问题;对人体冷冻胚胎的调整规则如监管权、处置权归属,才是民法价值判断问题。

原《继承法》②第3条第7项将"公民的其他合法财产"作为对遗产范围的兜底性规定,但无法涵盖冷冻胚胎等其他合法民事权益,若立法表述为"自然人的不具有人身专属性的其他合法民事权益",或许可为人体冷冻胚胎纠纷提供定分止争依据。

我国《民事诉讼法》第7条规定:"人民法院审理民事案件,必须以事实为依据,以法律为准绳。"对作为裁判依据的"法律"应从广义解释,包括法律具体规则和法律基本原则。《最高人民法院关于适用〈中华人民共和国民法典〉总则编若干问题的解释》(以下简称《民法典总则编司法解释》)第1条第3款规定:"民法典及其他法律对民事关系没有具体规定的,可以遵循民法典关于基本原则的规定。"在我国法律对胚胎的法律属性没有明确规定的情况下,可以兜底发挥公序良俗等基本原则的裁判规范功能。

结合"中国首例冷冻胚胎继承权纠纷案"的实际情况,法院认为应当结合以下因素来确定涉案胚胎的相关权利归属:一是伦理,死者双方父母与涉案胚胎亦具有生命伦理上的密切关联性。二是情感,死者遗留下来的胚胎,则成为双方家族血脉的唯一载体,承载着哀思寄托、精神慰藉、情感抚慰等

---

① 江苏省无锡市中级人民法院(2014)锡民终字第01235号民事判决书。
② 已失效。下文不再提示。

人格利益。涉案胚胎由双方父母监管和处置，既合乎人伦，亦可适度减轻其丧子失女之痛楚。三是特殊利益保护，胚胎是介于人与物之间的过渡存在，具有孕育成生命的潜质，比非生命体具有更高的道德地位，应受到特殊尊重与保护。在死者意外死亡后，其父母不但是世界上唯一关心胚胎命运的主体，亦应当是胚胎之最近、最大、最密切倾向性利益的享有者。综上，法院依照原《民法通则》第5条、第6条、第7条，判决死者父母享有涉案胚胎的监管权和处置权于情于理是恰当的。权利主体在行使监管权和处置权时，应当遵守法律且不得违背公序良俗和损害他人之利益。

之后，又出现"全国首例男方废弃冷冻胚胎侵权赔偿案"，法院审理认定，张某瞒着妻子王某单方废弃冷冻胚胎，构成了对王某身体权、健康权和生育知情权的侵害。且因胚胎为带有情感因素特殊的物，王某还存在精神上的损害。法院依法酌定张某赔偿王某抚慰金3万元。①

法律不会停止对生和死的思考。

在"国内首起同性伴侣抚养权纠纷案"中，生育妈妈（生育母亲）和生理妈妈（基因母亲），哪个才是亲妈？一审法院认为，原告、被告双方系同性伴侣关系，尚不为我国《婚姻法》②乃至其他民事法律所规范，无法根据我国现有辅助生殖技术的相关规定实现生育目的，故双方购买精子进行体外受精乃至胚胎移植的一系列行为是违法的。《民法典》对买卖人体细胞的禁止性规定已经体现了我国法律对上述行为的否定性评判。与此同时，以此方式出生的女婴的亲子关系认定应符合最基本公序良俗原则。在公众最朴素的伦理观念中，母子关系的确立并非基于生物学上的基因延续，而在于"十月怀胎"的孕育过程和分娩阵痛带来的情感关联，这也是《出生医学证明》以孕

---

① 赵兴武、隋文婷：《爱情没了，冷冻胚胎怎么办？》，载《人民法院报》2018年2月27日，第3版。

② 已失效。

育分娩来记载母亲的原因所在。因此，原告的诉求无法得到法院的支持。生育母亲孕育分娩并一直照顾女婴，女婴现未满周岁仍需母乳喂养，由生育母亲继续抚养符合法律规定且有利于女婴的健康成长。①

基因母亲与生育母亲抚养权之争，仍值得我们继续思考。

高科技时代的《民法典》需要回应生命医学发展提出的新问题、新挑战，我们需要搭建未来法学、研究未来法治，坚持安全与发展并重。《民法典》第1007条规定："禁止以任何形式买卖人体细胞、人体组织、人体器官、遗体。违反前款规定的买卖行为无效。"第1009条规定："从事与人体基因、人体胚胎等有关的医学和科研活动，应当遵守法律、行政法规和国家有关规定，不得危害人体健康，不得违背伦理道德，不得损害公共利益。"第1009条规范与人体基因、人体胚胎等有关的医学和科研活动，体现了对生命科技的民法关注。

2018年11月26日，时任某高校副教授的贺某奎所在团队对外宣布，世界首例免疫艾滋病的基因编辑婴儿在中国诞生。2016年以来，贺某奎得知人类胚胎基因编辑技术可获得商业利益，即与人共谋，在明知违反国家有关规定和医学伦理的情况下，仍以通过编辑人类胚胎CCR5基因可以生育免疫艾滋病的婴儿为名，将安全性、有效性未经严格验证的人类胚胎基因编辑技术用于辅助生殖医疗。②

2019年12月30日，针对"基因编辑婴儿案"，法院认为，贺某奎等3名被告人未取得医生执业资格，追名逐利，故意违反国家有关科研和医疗管理规定，逾越科研和医学伦理道德底线，贸然将基因编辑技术应用于人类辅助

---

① 《全国首例！一对同性伴侣争夺抚养权，谁才是孩子的妈妈……判了》，载澎湃网，https://m.thepaper.cn/baijiahao_9161175，最后访问日期：2024年5月22日。

② 《四问"基因编辑婴儿"案件》，载新华社客户端百家号，https://baijiahao.baidu.com/s?id=1654345475778075434&wfr=spider&for=pc，最后访问日期：2024年3月20日。

生殖医疗，扰乱医疗管理秩序，情节严重，其行为已构成非法行医罪。

在个别动物和植物身上进行基因编辑，如果发现错误和问题，还可补救。如果经过基因编辑的人出生了，发现存在问题，就难以善后。而且经基因编辑的人自从胚胎时期就是试验对象，将一辈子带着这个印记，在科学、伦理、道德等方面都可能出现困扰。所以主流基因科学界对人类基因编辑普遍持慎重态度。《人类遗传资源管理条例》第7条规定："外国组织、个人及其设立或者实际控制的机构不得在我国境内采集、保藏我国人类遗传资源，不得向境外提供我国人类遗传资源。"

对人类辅助生殖技术、基因技术试验，应该有严格的法律风险、伦理风险控制机制。基因编辑技术不能仅以相关自然人同意为前提。相关科学研究也应该注意这些问题，例如，我们可以对延长人的寿命做科学研究，但不宜研究长生不老技术，后者有违代际正义，也会存在很高的医学伦理危机。

胎儿利益保护

自然人权利通常始于出生、终于死亡,胎儿利益保护在这种立法模式之下就无从谈起。胎儿原则上无权利能力可言,若严格贯彻此原则,对于胎儿的保护,未免不周,对此需要设置例外规定。对于胎儿的法律地位及其权益保护,存在两种立法体例:一是总括保护主义,也称为概括主义,即只要其出生时尚生存,胎儿就和婴儿一样具有民事权利能力,此种立法例源自罗马法的规定:"关于胎儿的利益,视为已经出生。"[1]《瑞士民法典》第31条第2款采此例。二是个别保护主义,也称列举主义,胎儿原则上无权利能力,但若其出生时尚生存,在继承、遗赠、损害赔偿请求权等方面视为其有权利能力,《法国民法典》《德国民法典》《日本民法典》等采此例,如《德国民法典》第844条、第1923条和第2178条等。

我国《民法总则》之前的民事立法对胎儿也采取个别保护主义的立法体例,对胎儿利益在特殊例外情形下方予承认。公序良俗原则在继承法领域要求养老育幼、照顾弱者、互谅互让、团结和睦。继承权利义务的配置,应该有利于对未成年人的抚养教育。原《继承法》第28条和《最高人民法院关于贯彻执行〈中华人民共和国继承法〉若干问题的意见》[2](以下简称《继承法意见》)第45条有关"特留份"的规定即为适例。原《继承法》第28条规定:

---

[1] 周枏:《罗马法原论》(上册),商务印书馆1994年版,第128页。

[2] 已失效。

"遗产分割时，应当保留胎儿的继承份额。胎儿出生时是死体的，保留的份额按照法定继承办理。"原《继承法意见》第45条规定："应当为胎儿保留的遗产份额没有保留的应从继承人所继承的遗产中扣回。为胎儿保留的遗产份额，如胎儿出生后死亡的，由其继承人继承；如胎儿出生时就是死体的，由被继承人的继承人继承。"这些规定有助于发挥家庭的社会作用，实现互助友爱、养老育幼、照顾弱者。但这些规定没有注意到对胎儿出生前所受损害的救济、胎儿就其生父死亡的请求权、对胎儿赠与的法律规定等[1]，《继承法》的规定仅仅体现在对胎儿继承利益的保护，无法涵盖胎儿利益保护的全部领域，在日常生活中会涉及赠与、胎儿健康利益受到侵害的法律救济等问题，《继承法》这种个别列举式的保护，并不足以实现对胎儿利益的全方位保护，立法论上我国民法对胎儿的保护宜采取总括保护主义。

"在民法慈母般的眼中，每一个个人就是整个国家。"[2]民法以人为本，以促进人的自由全面发展为宗旨，以充分保障人的自由与尊严和对社会特殊群体给予特殊关爱为核心内容，以人文关怀为最高价值，民法于细微处纾解人们的懊恼和愁苦，增进人们的欢喜和快乐。民法对人的关怀往前延伸到胎儿，保护胎儿遗产继承、接受赠与、侵权损害赔偿等利益，是尊重生命和生命平等法治理念的体现，进一步彰显了民法的人文关怀理念。

在立法对胎儿利益保护做系统总括规定之前，我国有法院在"王某钦诉杨某胜、某市汽车二队交通事故损害赔偿纠纷案"判决中将原《民法通则》第119条"死者生前扶养的人"解释为"既包括死者生前实际扶养的人，也包括应当由死者抚养，但因为死亡事故发生，死者尚未抚养的子女"，受害人尚未出生的子女也属于受害人生前抚养的人的范围，有权向加害人主张赔

---

[1] 王泽鉴：《对未出生者之保护》，载王泽鉴：《民法学说与判例研究》（第四册），北京大学出版社2009年版，第179-204页。

[2] ［法］孟德斯鸠：《论法的精神》，张雁深译，商务印书馆1976年版，第329页。

偿责任，实现了对胎儿利益保护的有益突破。[①]原《民法通则》第119条规定："侵害公民身体造成伤害的，应当赔偿医疗费、因误工减少的收入、残废者生活补助费等费用；造成死亡的，并应当支付丧葬费、死者生前扶养的人必要的生活费等费用。"

上段提及的"王某钦诉杨某胜、某市汽车二队交通事故损害赔偿纠纷案"（"遗腹子侵权损害赔偿案"）基本案情如下：在一起交通肇事案件中，原告王某钦之父被挂靠在被告某市汽车二队的被告杨某胜驾驶的汽车轧死。交警部门认定杨某胜负此次交通事故的主要责任。被告杨某胜辩称：本案死者去世前未婚，没有配偶，原告是死者的遗腹子，死者去世时原告尚未出生。交通肇事损害赔偿，不是继承案件，赔偿金不等于遗产，《继承法》第28条保留胎儿份额的规定不能在本案中适用。本案争议焦点是：对被害人死亡时遗留的胎儿，加害人有无赔偿责任？法院认为：王某钦出生后向加害人主张赔偿，符合《民法通则》第119条规定，该条中"死者生前扶养的人"，既包括死者生前实际扶养的人，也包括应当由死者抚养，但因为死亡事故发生，死者未能抚养的尚未出生的子女。法院在本案审理中通过对原《民法通则》第119条作文义解释，精巧地填补了《继承法》第28条在胎儿利益保护上存在的部分漏洞。

自然人的民事权利能力始于出生，胎儿尚未出生，原则上不具有民事权利能力。但为保护胎儿的遗产继承、接受赠与等权利，有必要在需要对胎儿利益进行保护时，赋予胎儿民事权利能力。原《民法总则》和《民法典》第16条规定：涉及遗产继承、接受赠与等胎儿利益保护的，胎儿视为具有民事权利能力。但是，胎儿娩出时为死体的，其民事权利能力自始不存在。

[①] 《王某钦诉杨某胜、某市汽车二队交通事故损害赔偿纠纷案》，载《最高人民法院公报》2006年第3期。

《民法典》对胎儿利益保护采总括保护主义的立法技术，突破了原《继承法》对于胎儿利益保护的狭小领域，将胎儿利益在各个方面受到侵害的情况，都纳入法律保护范围，这种对于胎儿利益最大化保护的做法值得肯定。立法尤为着重提到了"遗产继承、接受赠与"，是因为胎儿利益多是被动地涉及，往往是其他民事主体单方赋予胎儿利益或者侵害胎儿利益，其中又以遗产继承和接受赠与这两种情况最为典型。但并不意味着胎儿利益的保护只有这两种情形，其中的"等胎儿利益保护的"表述，意味着胎儿利益的保护并非只有"遗产继承、接受赠与"两种情形，还及于侵权损害赔偿、接受遗赠等多种情形。《民法典》第16条的概括主义立法技术和例示规定立法技术相结合，既能为胎儿利益提供全方位保护，又具体形象，便于发挥行为规范和裁判规范的功能。

　　《民法典》胎儿利益概括保护条款有助于在继承、侵权损害甚至作为农户成员获得相应的承包地等问题上对胎儿进行周到的保护，也可以与其他法律对胎儿利益的相关调整做有机衔接。立法体现了坚持问题导向的立法原则，对于社会生活中出现的各种胎儿利益保护问题的解决会起到积极作用。例如，胎儿享有土地补偿费分配请求权，此种补偿费分配请求权不属于纯获利益的行为，而是集体成员权的应有权利内容。

　　胎儿利益保护不仅限于民法领域，还会涉及一些公法上的问题，如当孕妇生命健康利益与胎儿利益存在冲突时，如何解决，这就并非民法能完全解决，还须仰赖不同法治背景下人们的共识积累乃至宪法及宪法相关法的决断。中国法学会民法典编纂项目领导小组和中国民法学研究会组织撰写的《中华人民共和国民法典·民法总则专家建议稿》第17条就"胎儿利益保护"曾作出建议："涉及胎儿利益保护的，视为已经出生，法律另有规定的除外。"这种除外规定，有助于将公法规范引入民法，实现胎儿利益保护问题上的部门法协同。

《民法典》第16条属于例示规定和不可反驳推翻的拟制规定。有学者认为，胎儿权利的行使，参照未成年人的监护制度。如监护人以法定代理人的身份签订合同，但合同书内容要写明胎儿的权利；如起诉时还是由法定代理人起诉，起诉书中要注明是代理胎儿。[①]笔者认为，涉及遗产继承、接受赠与等胎儿利益保护的，胎儿视为具有民事权利能力，也就具备民事诉讼权利能力，可以成为民事诉讼当事人，由其法定代理人以胎儿的名义进行诉讼。在列明当事人时，可列"某某腹中的胎儿"为原告，结合该法第23条将其监护人列为法定代理人。《民法典总则编司法解释》第4条规定："涉及遗产继承、接受赠与等胎儿利益保护，父母在胎儿娩出前作为法定代理人主张相应权利的，人民法院依法予以支持。"

[①] 梁慧星：《〈民法总则〉重要条文的理解与适用》，载《四川大学学报（哲学社会科学版）》2017年第4期，第53页。

对未成年人的培养教育之道

培养什么人、怎样培养人、为谁培养人是教育的根本问题。教育的首要目标是"立德树人"。

《民法典》致力于培养什么人？《民法典》充分保障民事主体参与民事活动的自主自愿，充分维护人身自由和人格尊严。《民法典》塑造民法文化，努力培养依法积极理性为权利而斗争的人。为权利而斗争的人不是一个一个精致的利己主义者，而要爱国民主、团结协作、平等诚信、与人为善、以和为贵、宽容礼让、友善和睦、代际友好。《民法典》所培养的是大写的、完整的、自由全面发展的"人"的形象，这也是在培育良好的公民素养。

《民法典》怎样培养人？鼓励教育和人格感化教育是重要的教育方法。《民法典》告诉我们的培养教育之道是保护、尊重和引导。

《民法典》为谁培养人？教育为公。

《民法典》致力于培养什么人？未成年人在《民法典》中居于何种地位？对未成年人，如何看待"尊重其真实意愿"和"最有利于未成年子女的原则"？如何做到对未成年人的保护、尊重、培养和引导？

第一，保护未成年人的人身自由和人格尊严等民事权益。

自然人的人身自由、人格尊严受法律保护。保护好未成年人，保护好未成年人的人身自由和人格尊严，是对未成年人培养教育的基础和前提。学校、幼儿园应当尊重未成年人的人格尊严，不得对未成年人实施体罚、变相体罚或者其他侮辱人格尊严的行为。营业性歌舞娱乐场所、酒吧、互联网上网服务营业场所等不适宜未成年人活动场所的经营者，不得允许未成年人进入。①保护未成年人的人身自由和人格尊严是家庭、学校、社会和国家的共同任务。

2011年12月4日，广西一地发生一起"女童超市偷窃被捆绑挂牌示众案"：某超市员工发现一名12岁女童在超市偷窃2个发夹和3颗糖果，遂在超市门前对女童捆绑挂牌示众，女童被绑在电线杆上，上衣褪至手臂上，胸前挂着一块写着"小偷"二字的纸牌。法院于2013年3月26日作出终审判决，判令超市老板及两名员工赔偿女童医疗费用、精神抚慰金，并以书面形式赔礼道歉，在案发超市和被侵权女孩就读的学校门口张贴道歉声明7天。②

2014年11月1日，十二届全国人大常委会第十一次会议作出决定，将现行《宪法》(1982年《宪法》)通过、公布、施行日期12月4日设立为国家宪法日。之前，12月4日是中国的"全国法制宣传日"。2011年12月4日，在全国法制宣传日当天，竟然发生对犯错误的女童捆绑挂牌示众事件，令人心寒。人非圣贤，孰能无过。过而能改，善莫大焉。哪怕是犯了错误的未成年人，对他们进行教育引导时也要注意手段和目的相适应，防止过犹不及。尤其不能以侵害未成年人的人格尊严为代价进行教育引导，否则会得不偿失，甚至适得其反。

父母"挪用"5.8万压岁钱被孩子起诉，压岁钱归谁所有？有人认为，自己的孩子收到压岁钱，作为孩子的父母，也要相应给对方的孩子同等数额甚至更多的压岁钱，这是"礼尚往来"。由此可见，孩子的压岁钱不是白来的，

---

① 例如，根据《未成年人保护法》第58条规定，营业性歌舞娱乐场所、酒吧、互联网上网服务营业场所等不适宜未成年人活动场所的经营者，不得允许未成年人进入。据此，禁止未成年人进入KTV（营业性娱乐场所），即使是家长陪同也不允许。

② 《陈某某诉莫宝兰、莫兴明、邹丽丽侵犯健康权、名誉权纠纷案》，载《最高人民法院公报》2015年第5期。

而是通过家长之间财产的交换而来的，不能视为孩子自己的财产。也有人认为，长辈给孩子的压岁钱，应该属于孩子所有，家长不能霸占，这是对孩子财产的侵犯。我们该如何看待"压岁钱"的法律性质？孩子的压岁钱是别人给的，这应当属于孩子获得的"赠与"，获赠的财产当然应该属于孩子所有，不能视为家长的财产。赠与是赠与人将自己的财产或者财产权利无偿给予受赠人，受赠人表示接受赠与的行为。一般来讲，赠与财物一经交付即不得反悔。给孩子压岁钱完全符合赠与的条件：赠与人是父母或亲友，孩子是受赠人，赠与人给压岁钱是自愿且无偿的，而孩子作为受赠人也是愿意接受的。认为压岁钱是家长间的财产交换，这不符合法律事实。因为在家长互相给对方孩子压岁钱的过程中，家长之间并没有进行直接的对话或财产交换，这是两个并行的赠与行为，不能直接"忽视"掉孩子将其"合并"成一个行为。因此，压岁钱是孩子的财产，毋庸置疑。对被监护人的压岁钱，监护人只能管理和保护，不能没收。[①]监护人可以教育被监护人理解压岁钱的文化寓意，培养被监护人的理财意识和消费观。

2020年，某地法院妥善审理了一起"未成年人通过网络直播平台进行高额打赏引发合同纠纷案"：原告刘某生于2002年，初中辍学。2018年，父母将刘某带至身边帮助打理生意。2018年10月23日至2019年1月5日，16岁的刘某在观看某平台的直播时，使用父母用于生意资金流转的银行卡，多次向某科技公司账户转账用于打赏直播平台主播，打赏金额近160万元。刘某父母得知后，希望某科技公司能退还全部打赏金额，遭到该公司拒绝，双方对簿公堂。最终，刘某的父亲刘先生收到了某科技公司返还的近160万元退款。

八周岁以上的未成年人为限制民事行为能力人，实施民事法律行为由其

---

① 《父母"挪用"5.8万压岁钱被起诉！压岁钱归谁所有？》，载济南中院微信公众号2018年2月17日，https://mp.weixin.qq.com/s/0uilOeNVDKAnaQFm-JTT7A，最后访问日期：2024年3月5日。

法定代理人代理或者经其法定代理人同意、追认；但是，可以独立实施纯获利益的民事法律行为或者与其年龄、智力相适应的民事法律行为。限制民事行为能力人未经其监护人同意，以参与网络付费游戏或者网络直播平台打赏等方式支出与其年龄、智力不相适应的款项的，监护人有权请求返还该款项。人民法院秉持网络交易活动中优先保护未成年人的司法倾向，强化网络公司的社会责任。

第二，尊重未成年人的天性和真实意愿。

在对未成年人抚养教育问题上，人类思想史脉络根柢槃深、枝叶峻茂。对未成年人进行自然教育还是成年人教育，是一个流传久远的争论话题。

法国思想家卢梭的《爱弥儿》一书有另一个名字——《论教育》，卢梭在《爱弥儿》中系统阐发他的自然教育思想。卢梭的自然教育思想主张对儿童进行适应自然发展过程的教育，要服从自然的永恒法则，听任人的身心的自由发展。通过生活和实践的教育手段，让孩子从切身体验中通过感官的感受去获得需要的知识。[1]卢梭反复强调："按照孩子的成长和人心的自然的发展而进行教育。"[2]卢梭倡导："在万物的秩序中，人类有它的地位；在人生的秩序中，童年有它的地位：应当把成人看作成人，把孩子看作孩子。"[3]"不管他的外表如何，都应该按他的年龄对待他。"[4]"不管我们愿不愿意，我们在任何年龄都要长得合乎自然，人的眼睛在这一点上是看得清清楚楚的。"[5]卢梭的未成年人教育理念特别强调根据未成年人的年龄采取对应的循序渐进的教育方法，应该从未成年人的不同年龄阶段发现其不同的、不断发展的天性，

---

[1] ［法］卢梭：《爱弥儿：论教育》（上卷），李平沤译，商务印书馆1978年版，2010年11月第20次印刷，出版说明第2页。

[2] ［法］卢梭：《爱弥儿：论教育》（上卷），李平沤译，商务印书馆1978年版，第29页。

[3] ［法］卢梭：《爱弥儿：论教育》（上卷），李平沤译，商务印书馆1978年版，第74页。

[4] ［法］卢梭：《爱弥儿：论教育》（上卷），李平沤译，商务印书馆1978年版，第117页。

[5] ［法］卢梭：《爱弥儿：论教育》（下卷），李平沤译，商务印书馆1978年版，第542页。

以贯彻自然教育观，卢梭的这种自然教育观也可以印证我国《民法典》总则编中如下两个做法的合理性：

1.年龄应该成为未成年人成长性的重要判断标准，而不能成为束缚限制未成年人天性发展的外在障碍，降低未成年人的民事行为能力年龄标准的做法具有合理性。当然，判断一个自然人的理性能力，除了年龄标准之外，还有心理和社会的标准，年龄是重要标准，但非唯一标准，未成年人的心理发育不一定都和生理发育保持同步。我国民事立法自《民法通则》以来就坚持年龄、智力并举的标准，这一做法具有合理性，应予以坚持。

2.未成年人的监护人履行监护职责，在作出与被监护人利益有关的决定时，应当根据被监护人的年龄和智力状况，尊重被监护人的真实意愿。限制民事行为能力人实施的纯获利益的民事法律行为或者与其年龄、智力、精神健康状况相适应的民事法律行为有效；实施的其他民事法律行为经法定代理人同意或者追认后有效。《民法典》既在监护人监护职责履行过程中要求顾及不同年龄和智力状况之未成年人的感受和意愿、侧面尊重未成年人的天性，又在未成年人积极参与民事法律行为方面降低限制，更有利于未成年人积极、渐进地发展其交易理性。

对各个年龄阶段未成年人的培养，卢梭有一条一以贯之的自然教育方法论："如果你想永远按照正确的道路前进，你就要始终遵循大自然的指导。""凡是自然存在的东西都是好的，没有哪一个普遍的法则对人类是有害的。""我时时刻刻要尽量地接近自然，以便使大自然赋予我的感官感到舒适，因为我深深相信，它的快乐和我的快乐愈相结合，我的快乐便愈真实。……这个季节没有过完，我决不提前享受下一个季节的美。打乱了自然的秩序，是只会带来麻烦而不会带来乐趣的。"[①]卢梭自然教育思想论战的对

---

① ［法］卢梭：《爱弥儿：论教育》（下卷），李平沤译，商务印书馆1978年版，第536、550、509-510页。

象是成年人中心主义的教育思想,"我们对儿童是一点也不理解的:对他们的观念错了,所以愈走就愈入歧途。最明智的人致力于研究成年人应该知道些什么,可是却不考虑孩子们按其能力可以学到些什么,他们总是把小孩子当大人看待,而不想一想他还没有成人哩"①。

第三,培养依法积极理性为权利而斗争的人。

《民法典》本身具有教育、教化的功能,耶林在《为权利而斗争》中明确提出:"不是公法而是私法才是各民族政治教育的真正学校。要想知道一个民族于多事之秋如何维护其政治权利和国际法上的地位,只要看一下它的各个成员在民事生活中是如何主张自己权利的,就一目了然了。""对内坚如磐石的国家再也没有比国民法感情更宝贵、更需要培育、奖掖的财产了。只有每个人的健全有力的法感情才是国家力量极为丰富的源泉,得以自立于国内外的确实保证。""民族力量与法感情的力量为同义语,培养国民的法感情就是培养国民的健康和力量。"②

为权利而斗争是民法的"精神教育"。"法律的生命力在于实施,法律的权威也在于实施。"为权利而斗争的同时能够给予有效力的法律以实效(生命),因此,为权利而斗争就是为法律而斗争。推动权利人为权利而斗争的是法感情。为权利而斗争的心理动机存在单纯利害计算、主张人格及精神生存条件、实现正义理念这三个从低到高的不同层次。"权利的心理源泉叫作法感情。"③法感情是精神痛苦感受力与对侵权行为做斗争的行动力的结合。人们也正是在法感情的推动下挥起为权利而斗争的大旗。法感情又与权利的概念有关,如果民事权利仅仅是受法律保护的物质利益,那尚不足以激发强烈

---

① [法]卢梭:《爱弥儿:论教育》(上卷),李平沤译,商务印书馆1978年版,原序第2页。
② [德]鲁道夫·冯·耶林:《为权利而斗争》,胡宝海译,中国法制出版社2004年版,第73、75、77页。
③ [德]鲁道夫·冯·耶林:《为权利而斗争》,胡宝海译,中国法制出版社2004年版,第45页。

的法感情。权利心理学的视野下,权利不仅仅包括利益等物质价值,还包括人格等理念价值,简单地说,权利是利益等物质价值和人格等理念价值的结合,后者更是权利人人格的精神上的生存条件。权利一旦和人格相结合,不问其种类,所有的权利都被赋予了超过物质价值的理念价值,在权利受侵害之时权利人会油然而生强烈的法感情。

既要敢于为权利而斗争,还要善于为权利而斗争。要善于运用多元化纠纷解决机制,依法积极理性地为权利而斗争。"一部好的法典,就是最好的教科书。"①《民法典》就教育我们,物权受到侵害的,权利人可以通过和解、调解、仲裁、诉讼等途径解决。

第四,引导未成年人爱国民主、团结协作、平等诚信。

爱国、民主、平等、诚信既是社会主义核心价值观的内容,也是《民法典》的重要价值取向。侵害英雄烈士等的姓名、肖像、名誉、荣誉,损害社会公共利益的,应当承担民事责任。《民法典》和《英雄烈士保护法》当中相关的法律责任制度有助于矫正侵害英烈人格利益的不当行为,在整个社会形成崇尚先烈、尊崇英雄、弘德向善的良好风气。

民主是建立在平等原则基础上的团体决策机制,根据民主合理程序来对众人之事做出决定。班委选举就是一个民主决策机制,虽然选举形成的决议不属于民事法律事实,但和《民法典》中的决议行为一样遵循多数决机制、正当程序原则和知情参与规则。

第五,引导未成年人宽容礼让、友善和睦。

广东曾发生一起"夺命香蕉案"。一位老人苏老太好心送了几根香蕉给女孩小覃,小覃又将其中一根香蕉转送给了她的小伙伴婷婷,婷婷吃香蕉时不慎吸入气管导致窒息死亡,婷婷家人将苏老太和小覃爷爷告上法院,索赔

---

① 苏永钦:《体系为纲,总分相宜——从民法典理论看大陆新制定的〈民法总则〉》,载《中国法律评论》2017年第3期,第75页。

73.8万元。一审法院作出了驳回诉讼请求的判决，二审法院维持了一审判决。法院在判决说理部分阐述了这样一段话：法律应当鼓励民事主体积极地展开社会交往，未成年人间无明显安全隐患的食物分享行为不能认定有过错。①

"夺命香蕉案"的判决宣传和弘扬了互帮互助、宽容礼让、友善和睦的良好道德风尚。在这起"夺命香蕉案"中，五岁的学龄前儿童在进食过程中一时咬食香蕉过多、吞咽过急等偶发因素而导致窒息死亡，应属于意外事件。法院认为被告分享香蕉，这是邻里朋友之间善意的分享行为。这种分享食物的行为本身并不会造成死亡的结果。被告不具有过错，不需要承担侵权责任。民法应鼓励民事主体积极地展开社会交往，如果将小孩之间分享无明显安全隐患食物的行为定性为过失，无疑会限制人们的行为自由，与过错责任原则的立法宗旨不符。哪怕从赠与合同角度看，本案中的赠与人同样不需要承担民事责任。赠与的财产有瑕疵的，赠与人不承担责任。赠与人故意不告知瑕疵或者保证无瑕疵，造成受赠人损失的，应当承担赔偿责任。②

第六，引导未成年人代际友好。

民事主体从事民事活动，应当有利于节约资源、保护生态环境。《民法典》致力培养的人还应该是代际友好的人。

日常生活中的过度包装不利于节约资源，不符合《民法典》绿色原则的要求。实际上，经营者对商品的包装属于从给付义务，目的是确保消费者的利益能够获得最大的满足。对合同标的物的包装不能过度，否则就易出现"买椟还珠"的现象，有碍对方当事人合同目的的实现。

---

① 《蒋某燕、曾某诉覃某邱、苏某弟生命权纠纷案》，载《最高人民法院公报》2016年第11期。
② 白楚玄：《爱心赠药要写"免责声明"吗？律师最新提醒来了！》，载法治日报微信公众号2022年12月30日，https://mp.weixin.qq.com/s/VpE-fAS2OMSZTlXVa5r5Mw，最后访问日期：2023年12月30日。

老有所养和老有所安

礼敬贤德、孝亲敬老、尊老爱老是中华文化中的传统美德。"老者安之，朋友信之，少者怀之"是儒家思想中的理想社会。孔子认为孝是仁的本源和基础："君子务本，本立而道生。孝弟也者，其为仁之本与！"子路曰："愿闻子之志。"子曰："老者安之，朋友信之，少者怀之。"子游问孝，子曰："今之孝者，是谓能养。至于犬马，皆能有养。不敬，何以别乎？"《论语》中"孝"字出现19次。传统民法理论对赡养义务侧重于经济上的供养，《老年人权益保障法》第18条[①]将精神赡养道德义务法律化，契合中华孝道文化敬老的精髓。

夕阳无限好，人间重晚晴。让老年人老有所养、老有所依、老有所乐、老有所安，尊敬老人、关爱老人、赡养老人，《民法典》成年意定监护制度、赡养制度、遗赠扶养协议制度、居住权制度等共同守护夕阳红。

一、成年意定监护制度助力老有所养、老有所依

随着我国步入老龄化社会，老年人的监护问题成为法律必须回应的问题。进入老年，智力、体力、精力等参加社会活动的方方面面能力都会有所

[①] 《老年人权益保障法》第18条规定："家庭成员应当关心老年人的精神需求，不得忽视、冷落老年人。与老年人分开居住的家庭成员，应当经常看望或者问候老年人。用人单位应当按照国家有关规定保障赡养人探亲休假的权利。"

下降。允许老年人在具有完全民事行为能力的情况下指定监护人，有利于实现老年人的老有所养、老有所依。

《民法通则》只对未成年人和精神病人的监护制度作出规定，而《民法总则》把丧失心智的老年人、植物人等无民事行为能力人或者限制民事行为能力人都纳入监护范围，规定其配偶、父母和子女、其他近亲属等依顺序成为监护人，弥补了法律空白。《民法总则》在《民法通则》的基础上，继续规定了对未成年人的法定监护和成年法定监护，《民法总则》第33条新增加规定成年意定监护，同时扩大了成年人监护的范围，将意定监护的适用人群范围扩大至所有具有完全民事行为能力的成年人，使得老年人和其他成年障碍患者都可以在法律上受到监护制度的保护，以实现老有所养、幼有所抚，充分体现了《民法总则》的人文关怀理念。与成年法定监护相比，成年意定监护中被监护人意思自治程度更高。成年意定监护制度是"尊重被监护人自主决定权"的体现。成年意定监护的优先顺序高于成年法定监护。

《民法总则》生效后，我国陆续出现意定监护公证案例，意定监护公证逐渐兴起。

2018年3月24日，无锡市惠山区80多岁的施老翁和老伴在无锡某公证处做了一份意定监护公证，指定他们唯一的孙子作为意定监护人，在他们丧失或者部分丧失民事行为能力时代管一切事务。这是无锡市办理的首份意定监护公证。施老翁夫妇均年逾八十，目前身体健康。老人育有4个子女，两个女儿不在身边，有智力残障的大儿子一直跟随老人，小儿子在2013年去世。唯一的孙子小施一直和老夫妇一起生活。由于年事已高，老人担心自己和老伴将来在失去或部分失去行为能力后，晚辈因医疗和照顾等问题起纷争，决定趁现在指定孙子来做自己和老伴今后的监护人。[1]

---

[1] 邵旭根:《无锡办理首份意定监护公证》，载中国江苏网，http://jsnews.jschina.com.cn/wx/a/201803/t20180326_1478346.shtml，最后访问日期：2023年12月30日。

《老年人权益保障法》第26条在一定程度上已经属于意定监护的范畴,该条第1款规定:"具备完全民事行为能力的老年人,可以在近亲属或者其他与自己关系密切、愿意承担监护责任的个人、组织中协商确定自己的监护人。监护人在老年人丧失或者部分丧失民事行为能力时,依法承担监护责任。"但是该规定适用范围有限,仅限老年人。老年人也可以通过遗赠扶养协议来对相关事宜进行安排,但是遗赠扶养协议较意定监护人制度存在明显的缺陷和适用限度。意定监护优先于法定监护。经过公证处公证的意定监护协议,可以通过公证处录音录像等手段,用国家公信力最大限度地确保意定监护协议的有效性及合法性,合理排除其他人提出的异议。

　　意定监护委托证书的条款一般应包括委托范围、委托权责、行使方式、委托期限以及委托监督等内容。李国强教授认为,成年意定监护协议的核心是概括代理权的授予。成年意定监护协议只是特殊委托合同,是委托合同的扩张,主要表现为财产关系协议的属性。成年人的监护人履行监护职责,应当最大限度地尊重被监护人的真实意愿,这也是协助决策模式新型成年监护理念的要求。意定监护协议成立需要确定被监护人(委托人)有判断能力,即"具有完全民事行为能力",公证确实是证明此种行为能力的有效方式,《上海市老年人权益保障条例》第18条第1款有此规定——"通过公证等方式予以明确"。法定监护人可以起到监护监督的作用。意定监护人原则上不应承担替代侵权责任。[1]李霞教授认为,承认心智残疾人有民事行为能力的协助决定制度,与传统民法否认心智残疾人的民事行为能力的替代决定制度根本不同。借《民法典》编纂之机,监护应作为一章增设在婚姻家庭编草案收养章之后,区分儿童监护和成年监护,成年监护又区分监护和协助。成年监

---

[1] 李国强:《成年意定监护法律关系的解释——以〈民法总则〉第33条为解释对象》,载《现代法学》2018年第5期,第182—193页。

护之监护一节应增设最后监护原则和最小监护原则，明确监护和协助的适用顺序，从而逐步架空完全监护的适用并为其废除做准备；应赋予残疾人诉权以保障本人的程序参与；应增加"尊重本人自我决定"作为监护人执行职务的标准；应新设特定监护措施。协助一节应对《民法总则》第33条进行规范续造，增设持续性代理协议和医疗预先指示的规定。①

就成年意定监护，《民法典》第33条规定："具有完全民事行为能力的成年人，可以与其近亲属、其他愿意担任监护人的个人或者组织事先协商，以书面形式确定自己的监护人，在自己丧失或者部分丧失民事行为能力时，由该监护人履行监护职责。"《民法总则》和《民法典》对成年监护制度的完善是我国监护制度的革命性变化。

二、居住权制度助力老有所居、居有所安

2020年11月10日，笔者为中国政法大学农村与法治研究会耕耘讲坛主讲"《民法典》居住权推进构建多层次住房供应体系"。2021年6月9日北京广播电视台科教频道播出的《民法典通解通读》物权编第五期节目中，笔者又专题讲解"《民法典》居住权保障住有所居"。

居住权是《民法典》物权编最大的亮点。在现实生活中，有权居住通常表现为两种情况：业主对房屋具有所有权，租户对住宅拥有租赁权。《民法典》物权编创生了第三种有权居住的方式，即居住权，权利人对于他人的住宅，享有的不是租赁权这种债权，而是居住权这类用益物权。

电视剧《安家》中，老严夫妇用毕生积蓄给自己的儿子、儿媳妇在城里

---

① 李霞：《协助决定取代成年监护替代决定——兼论民法典婚姻家庭编监护与协助的增设》，载《法学研究》2019年第1期，第100—118页。

购买了商品房，并登记在儿子、儿媳妇名下，但是过了不久，小两口就把老两口拒之门外，老严夫妇无处栖身，生活非常凄凉。

老年人如何实现"以房养老"、物尽其用？房屋所有权人可以通过设定保留居住权的房屋买卖，以实现"以房养老"、物尽其用。[1]老年人在家庭财富传承过程中，可以给自己保留居住权，以老有所居。居住权制度在家庭财富纵向传承过程中能为保障老年人老有所居提供制度的助力，一方面老年人可以把财产传给子女后代，另一方面可以在传给子女的房产上为自己设置一个终生的居住权。

"以房养老"是保险机构开展的一种商业保险业务，一些不法分子打着"以房养老"的旗号行骗，致使不少老年人陷入房财两空的境地。为防止不法分子利用"以房养老"欺骗老年人，老年人在"以房养老"的过程中，可以通过签订居住权合同，避免陷入套路贷的陷阱中。老年人可以将房产卖给保险公司等商业机构，这不同于普通的二手房买卖，可以通过同时设定居住权的方式在提前变现房产交换价值的同时保有房产的使用价值，实现住有所居、居有所安。

相较保留居住权的住房买卖，住房反向抵押养老保险中的保险公司无法直接取得住房的所有权。居住权制度是法律对老年人"以房养老"提供的重要法律措施，以解决老年人有房居住但无钱养老的困境。居住权制度是法律对老年人"以房养老"提供的重要法律保障。除此之外，遗赠扶养协议也是"以房养老"的不错选择。老年人可以与继承人以外的组织或者个人签订遗赠扶养协议。按照协议，该组织或者个人承担该老年人生养死葬的义务，对老年人的房屋等财产享有受遗赠的权利。

---

[1] 王雷：《房地产法学》，中国人民大学出版社2021年版，第267—268页。

关爱残疾人

《民法典》尊重、理解、关爱、帮助残疾人，维护残疾人的合法权益，注重对残疾人的倾斜保护。

《民法典》将残疾人作为社会特殊群体，加强对残疾人的倾斜保护，协调《民法典》与《残疾人保障法》《精神卫生法》在法律适用上的一般与特别、补充适用与优先适用关系。《民法典》第128条规定："法律对未成年人、老年人、残疾人、妇女、消费者等的民事权利保护有特别规定的，依照其规定。"

《民法典》统筹对残疾人的家庭保护与社会保护。《民法典》婚姻家庭编第1041条第3款规定："保护妇女、未成年人、老年人、残疾人的合法权益。"物权编第281条第1款规定："建筑物及其附属设施的维修资金，属于业主共有。经业主共同决定，可以用于电梯、屋顶、外墙、无障碍设施等共有部分的维修、更新和改造。建筑物及其附属设施的维修资金的筹集、使用情况应当定期公布。"合同编第660条第1款规定："经过公证的赠与合同或者依法不得撤销的具有救灾、扶贫、助残等公益、道德义务性质的赠与合同，赠与人不交付赠与财产的，受赠人可以请求交付。"物权编和合同编的这些相关规定，"有助于营造更加和谐的社会助残氛围和秩序"[1]。

---

[1] 《〈民法典〉注重残疾人权益保障》，载中国残疾人联合会微信公众号2020年6月5日，https://mp.weixin.qq.com/s/wpdjp8TzD2o_S_dEeIhU5Q，最后访问日期：2023年12月30日。

《民法典》对成年无民事行为能力人和成年限制民事行为能力人的立法修正有利于更加科学周延地保护残疾人。《民法通则》第13条规定，不能辨认自己行为的精神病人是无民事行为能力人，不能完全辨认自己行为的精神病人是限制民事行为能力人，此规定没有覆盖成年精神病人之外的其他成年残疾人（如成年智力残疾人）。《精神卫生法》不再称精神病人，而是用精神障碍患者的表述。《民法典》第21条规定，不能辨认自己行为的成年人为无民事行为能力人；第22条规定，不能完全辨认自己行为的成年人为限制民事行为能力人。这就将不能辨认或不能完全辨认自己行为的主体从精神病人扩展至所有成年人。

《民法典》发挥残疾人联合会在认定成年人民事行为能力和撤销监护人监护资格时的作用。《民法典》第24条规定："不能辨认或者不能完全辨认自己行为的成年人，其利害关系人或者有关组织，可以向人民法院申请认定该成年人为无民事行为能力人或者限制民事行为能力人。被人民法院认定为无民事行为能力人或者限制民事行为能力人的，经本人、利害关系人或者有关组织申请，人民法院可以根据其智力、精神健康恢复的状况，认定该成年人恢复为限制民事行为能力人或者完全民事行为能力人。本条规定的有关组织包括：居民委员会、村民委员会、学校、医疗机构、妇女联合会、残疾人联合会、依法设立的老年人组织、民政部门等。"第36条规定，有权申请撤销监护人资格的组织包括残疾人联合会。

《民法典》注重保障残疾人的基本生活。《民法典》第1067条第1款规定，不能独立生活的成年子女，有要求父母给付抚养费的权利；第1130条第2款规定，分配遗产时，对生活有特殊困难又缺乏劳动能力的继承人应当予以照顾；第1141条规定，遗嘱应当为缺乏劳动能力又没有生活来源的继承人保留必要的遗产份额；第1159条规定，分割遗产时，应当为缺乏劳动能力又没有生活来源的继承人保留必要的遗产；第1179条规定，侵害他人造成残疾的，还应当赔偿辅助器具费和残疾赔偿金。综合这些规定，"残疾人都将成为重要受益者"[①]。

《民法典》"放宽收养残疾未成年人的条件限制，将使更多残疾未成年人可以享受家庭的温暖"[②]。《民法典》第1100条规定："无子女的收养人可以收养两名子女；有子女的收养人只能收养一名子女。收养孤儿、残疾未成年人或者儿童福利机构抚养的查找不到生父母的未成年人，可以不受前款和本法第一千零九十八条第一项规定的限制。"

"精神障碍患者连点40份外卖花费4万余元"，相关交易效力如何？汪大妈的亲属汪女士是精神障碍患者，2021年3月13日下午，汪女士独自在家，通过手机外卖平台点了40份外卖，花费4万余元，先后收到近2000件各种美食，堆满了屋子。为了避免浪费，汪大妈把这些美食送给了保安、环卫工人、亲戚朋友。汪大妈说，一个家庭住户如此集中大量下单，显然无法吃完，外卖平台照常派单，这合理吗？汪大妈表示，她的目的不是索赔，也不指望能够挽回多少损失。"这样的事情，估计全国都很罕见。"汪大妈说，她想通过这个极端事例，给外卖平台和店家提个醒，如果收到不合常理的订单，应该打电话询问，确认是不是真实需求，也希望外卖平台软件增加识别异常订单的功能，发出预警提示，避免造成浪费。

可以结合《民法典》第144条和第145条民事法律行为无效与可撤销制度，解答汪大妈的困惑，保护精神障碍患者汪女士。"并非每个人都能被视为可以通过自己的行为取得权利承担义务。……（近代民法）对判断能力不完全的人作出了若干特别的处理。这就是今天旨在保护这些人因考虑不周的行

[①] 《〈民法典〉注重残疾人权益保障》，载中国残疾人联合会微信公众号2020年6月5日，https://mp.weixin.qq.com/s/wpdjp8TzD2o_S_dEeIhU5Q，最后访问日期：2023年12月30日。

[②] 《〈民法典〉注重残疾人权益保障》，载中国残疾人联合会微信公众号2020年6月5日，https://mp.weixin.qq.com/s/wpdjp8TzD2o_S_dEeIhU5Q，最后访问日期：2023年12月30日。

为而导致财产减少的制度。"① 自然人民事行为能力制度的立法目的是保护智虑不周之未成年人或者精神障碍患者等的利益，并通过该制度约束这些人的行为以维护交易安全。从立法目的上看，"无行为能力人及限制行为能力人的保护优先于交易安全"。"对行为能力的信赖，既不使法律行为因此成为有效，亦不使无行为能力人（或限制行为能力人）负信赖利益的赔偿责任。"②

无民事行为能力人、限制民事行为能力人民事法律行为效力瑕疵制度的本意是保护行为能力不完全之人，行为能力制度是严肃的，该制度不能成为完全民事行为能力人逃避法律责任的托词。理性经济人要自主选择、理性选择、自负其责。2022年11月，媒体报道"一女子消费欠债上千万元申请精神病鉴定"，精神病鉴定不是"后悔药"。以精神障碍为借口逃债、赖债，是行不通的。

---

① ［日］星野英一：《私法中的人》，王闯译，中国法制出版社2004年版，第32-33页。
② 王泽鉴：《民法总则》，北京大学出版社2009年版，第321-322页。

男女平等与妇女权益保障

平等是社会主义核心价值观之一，是《民法典》规定的基本原则之一，还是家庭文明的首要内涵。《民法典》坚持主体地位平等，第4条规定："民事主体在民事活动中的法律地位一律平等。"家庭文明视野下的平等强调男女平等。2020年10月1日，国家主席习近平在联合国大会纪念北京世界妇女大会25周年高级别会议上通过视频发表重要讲话。习近平指出："妇女是人类文明的开创者、社会进步的推动者，在各行各业书写着不平凡的成就。""男女平等是中国的基本国策。"[1]

一、男女平等是家庭文明的首要内涵

《民法典》第1041条第2款规定实行男女平等的婚姻制度："实行婚姻自由、一夫一妻、男女平等的婚姻制度。"第1043条第2款后段强调维护平等的婚姻家庭关系，该款规定的"互相尊重"也是男女平等原则的必然要求。第1055条规定："夫妻在婚姻家庭中地位平等。"婚后所得共同制也体现了男女财产关系上的平等。

---

[1] 习近平：《在联合国大会纪念北京世界妇女大会25周年高级别会议上的讲话》，载《人民日报》2020年10月2日，第2版。

《民法典》第1126条规定:"继承权男女平等。"第1130条第1款规定:"同一顺序继承人继承遗产的份额,一般应当均等。"在法定继承权平等问题上,有学者认为:"在特有的传统思维下,中国人往往把平均取得父母财产视为自己天经地义的权利。如果父母不坚持这样的原则,则往往被视为违背常理的行为。在赡养和债务上也是如此。"①

二、夫妻对共同财产有平等处理权

《民法典》第1062条第2款规定:"夫妻对共同财产,有平等的处理权。"原《最高人民法院关于适用〈中华人民共和国婚姻法〉若干问题的解释(一)》②第17条规定:"婚姻法第十七条关于'夫妻对共同所有的财产,有平等的处理权'的规定,应当理解为:(一)夫或妻在处理夫妻共同财产上的权利是平等的。因日常生活需要而处理夫妻共同财产的,任何一方均有权决定。(二)夫或妻非因日常生活需要对夫妻共同财产做重要处理决定,夫妻双方应当平等协商,取得一致意见。他人有理由相信其为夫妻双方共同意思表示的,另一方不得以不同意或不知道为由对抗善意第三人。"

例如,夫妻一方违反忠实义务向婚外异性大额转款的行为无效,配偶可主张全额返还。此类案件中,夫妻一方有权要求受赠人返还全部受赠财产,而非一半的受赠财产。"婚姻关系存续期间,夫妻一方(转出方)违背忠诚义务,在未经对方同意超出日常生活需要的范围向婚外异性(受让方)转账大额款项,系违背公序良俗的行为,属于无效民事法律行为。夫妻另一方可向上述款项受让人主张全额返还。如转出方并未在诉讼中主张返还款项的,法

---

① 李拥军:《"家"视野下的法治模式的中国面相》,载《环球法律评论》2019年第6期,第89页。

② 已失效。

院不得超过当事人诉讼请求范围裁判受让方向转出方返款。"①

婚姻关系存续期间不忠实于婚姻的夫妻一方在网络平台巨额打赏主播，如果是赠与合同，属于夫妻一方私自对外赠与，如果超出日常家庭生活需要的范围，则该合同无效；如果是服务合同，在夫妻一方对一个主播进行固定多次打赏的情形下，长期、高频、小额、对象固定的打赏能否从单次评价到累积评价，若量变累积到一定程度是否可能产生质变？值得思考。

在一起"妻子频频打赏主播，丈夫起诉要求返还案"中，管某系某短视频平台游戏主播，韩某观看管某提供的游戏直播服务，韩某累计花费婚内财产中的14万余元购买虚拟礼物频频打赏管某，韩某的丈夫李某起诉平台运营公司、管某和韩某，要求确认韩某超出日常生活必要擅自处分夫妻共同财产的赠与行为无效。②法院在本案中认定韩某购买虚拟礼物打赏管某的同时也观看了直播表演、获得了个性化体验，享受到了精神利益，属于文化娱乐消费，该打赏行为属于一种非强制性对价支付，韩某打赏管某的行为不属于无偿、单务的赠与合同关系，而是服务合同关系。正当途径的娱乐活动追求的精神愉悦也是日常生活的一部分，在合理限度内精神需求消费产生的支出并未超出家事代理的范畴。韩某以夫妻共同财产进行打赏，虽累积数额较大，但单次打赏行为并未超出正常的日常生活消费范畴。

结合以上两则案例，婚姻关系存续期间，夫妻一方因家庭日常生活需要而实施的民事法律行为，对夫妻双方发生效力。夫妻任何一方的正当物质或者精神消费需求，是家庭日常生活的一部分，可以自行从夫妻共同财产中开

---

① "罗某与何某美、周某确认合同无效纠纷案"，重庆市第一中级人民法院（2019）渝01民终10429号民事判决书。

② 《妻子频频打赏主播，丈夫可以要回吗？》，载北京市通州区人民法院网，https://tzqfy.bjcourt.gov.cn/article/detail/2022/06/id/6749791.shtml，最后访问日期：2023年12月30日。

支。但超出家庭日常生活需要的财产开支,甚至违背公序良俗原则向婚外异性的大额赠与,都在解消着婚姻这个情感共同体和财产共同体,不适用《民法典》第1060条的日常家事代理。

三、对妇女权益的倾斜保护

民法平等原则的内涵包括《民法典》第4条强式意义上的平等对待和第128条弱式意义上的平等对待。从近代民法向现代民法的发展过程中,民法平等原则在侧重强式意义上平等对待的同时,更加重视兼顾弱式意义上的平等对待。在根据自然人的年龄、智力、精神健康状况等区分其行为能力和法律规则之外,现代民法也更加注意对消费者、劳动者、妇女、儿童、老年人、残疾人的保护。[①]《民法典》第128条规定:"法律对未成年人、老年人、残疾人、妇女、消费者等的民事权利保护有特别规定的,依照其规定。"妇女享有同男子平等的民事权利,立法也基于人文关怀理念对妇女进行必要的倾斜保护。

例如,不能以离异为由限制或者剥夺作为农民集体成员的妇女的集体收益分配权。村集体土地征收,离异妇女可以获得全额征地补偿款。村集体有关"离异女方,户籍在本组但长期居住在外的人员按60%分配"的决议,侵害了离异妇女的集体收益分配权,相应决议事项无效。户籍在本集体的离异妇女与本集体其他成员享有同等的集体收益分配权。《妇女权益保障法》第55条规定:"妇女在农村集体经济组织成员身份确认、土地承包经营、集体经济组织收益分配、土地征收补偿安置或者征用补偿以及宅基地使用等方面,享有与男子平等的权利。申请农村土地承包经营权、宅基地使用权等不

---

① 王轶:《民法价值判断问题的实体性论证规则》,载《中国社会科学》2004年第6期,第108—109页。

动产登记，应当在不动产登记簿和权属证书上将享有权利的妇女等家庭成员全部列明。征收补偿安置或者征用补偿协议应当将享有相关权益的妇女列入，并记载权益内容。"第56条规定："村民自治章程、村规民约，村民会议、村民代表会议的决定以及其他涉及村民利益事项的决定，不得以妇女未婚、结婚、离婚、丧偶、户无男性等为由，侵害妇女在农村集体经济组织中的各项权益。因结婚男方到女方住所落户的，男方和子女享有与所在地农村集体经济组织成员平等的权益。"

又如，"嫁出去的女儿，泼出去的水"的传统观念与法不合。外嫁女有权继承父母土地承包经营权的流转收益。承包期内，妇女结婚，在新居住地未取得承包地的，发包方不得收回其原承包地。《农村土地承包法》第31条规定："承包期内，妇女结婚，在新居住地未取得承包地的，发包方不得收回其原承包地；妇女离婚或者丧偶，仍在原居住地生活或者不在原居住地生活但在新居住地未取得承包地的，发包方不得收回其原承包地。"

再如，《妇女权益保障法》第21条第3款规定："医疗机构施行生育手术、特殊检查或者特殊治疗时，应当征得妇女本人同意；在妇女与其家属或者关系人意见不一致时，应当尊重妇女本人意愿。"第32条规定："妇女依法享有生育子女的权利，也有不生育子女的自由。"据此可知，立法对女性生育权进行倾斜保护。

在2006年"李某诉启东市某医院、王某霞生育权纠纷案"（"丈夫起诉妻子生育权纠纷案"）中，人民法院认为在妇女不生育的权利和男性积极生育权利的对比中，应该考虑女方因生育而导致自身在生理上的风险和心理上的压力，女方付出的成本高于男方，在双方生育权发生冲突的时候，基于对双方权利价值进行利益衡量的考虑，女方在生育问题上应该享有更大的话语权。在双方不能共同一致决定的情况下，如果男方强制主张行使自己的积极生育权，这会对女方的人身自由造成不合理的限制，将违背善良风俗。另外，强制女方生育也不利于即将出生的子女。①

　　生育权这类权利行使的背后往往会对应社会基本秩序这一公共利益，强制对方配合行使生育权这一方式本身违背善良风俗。貌似平等的利益背后存在着价值上的优劣顺位，女方不生育的自由理应高于男方积极生育的自由。在生育权纠纷案中，动态系统论指导下的利益衡量方法可以将冲突利益分为两个层次：第一层次是男方积极生育权对应的利益、女方消极不生育权对应的利益；第二层次是男方积极生育权对应的私人利益、强迫女方积极生育会给女方身体健康带来的损害、强迫女方积极生育会给女方以后的个人发展带来的不利影响。麦考密克曾经指出："我们有理由认为，在处理案件时，法官理应对摆在其面前的各种可供选择的裁判规则所可能造成的后果予以审慎考量，以权衡利弊。"②遵照民法价值判断问题的实体性论证规则，没有足够充分且正当的理由不能限制民事主体的自由，在该案中双方权利对应的自由发生冲突，对权利背后对应利益进行取舍的过程中需要有限制一方利益的足够充分且正当的理由，笔者认为第二层次后面两项对应的女方私人利益背后反映的是与基本的法律价值相联系的私人利益这一社会公共利益，这足以构成对男方积极生育权进行限制的足够充分且正当的理由。也正是在这个意义上，《最高人民法院关于适用〈中华人民共和国民法典〉婚姻家庭编的解释（一）》第23条规定："夫以妻擅自中止妊娠侵犯其生育权为由请求损害赔偿的，人民法院不予支持；夫妻双方因是否生育发生纠纷，致使感情确已破裂，一方请求离婚的，人民法院经调解无效，应依照民法典第一千零七十九

---

　　① 《李某诉启东市某医院、王某霞生育权纠纷案》，江苏省启东市人民法院（2006）启民一初字第0558号，载国家法官学院、中国人民大学法学院：《中国审判案例要览》（2007年民事审判案例卷），中国人民大学出版社、人民法院出版社2008年版，第168-173页。
　　② ［英］尼尔·麦考密克：《法律推理与法律理论》，姜峰译，法律出版社2005年版，第125页。

条第三款第五项的规定处理。"

还可以通过其他人格利益（一般人格权）保护妇女在民事活动中免受性别歧视或者偏见。

在一起"就业性别歧视案"中，一位女性应聘者通过搜集证据形成证据链，能够证明某速递公司在已表明愿为其提供担任快递员机会并签约的情形下，又予以反悔，仅仅以性别原因拒绝录用应聘者，构成就业性别歧视，速递公司的行为有违平等的核心价值观，构成对应聘者一般人格权的侵害。在招聘单位仅仅以性别原因拒绝录用应聘者的情况下，招聘单位就构成了侵权，对由此而给应聘者造成的直接经济损失应予以赔偿，同时招聘单位的拒录行为客观上也给应聘者造成了一定的精神损害，对于应聘者主张的精神损害抚慰金可根据招聘单位的过错程度以及对应聘者造成的损害后果酌情确定。[1]

妇女经常对抚育子女、照料老人、协助另一方工作等付出较多，全职太太更是如此，《民法典》第1088条规定的离婚经济补偿（离婚家务劳动补偿）制度对保护妇女有积极意义。根据民事权利义务责任协调统一原则，负担家庭义务更多的一方，为家庭整体考虑而失去了更多自我发展机会，不论是否采取夫妻分别财产制，其在离婚时均应获得相应经济补偿。根据《民法典》第1087条规定，离婚时夫妻共同财产的分割应该本着约定优先于法定、男女平等以及照顾子女、女方和无过错方权益等原则进行。

---

[1]《邓某某诉某速递公司、某劳务公司一般人格权纠纷案》，2016年8月22日最高人民法院发布关于弘扬社会主义核心价值观典型案例之一，载最高人民法院网，https://www.court.gov.cn/zixun/xiangqing/24931.html，最后访问日期：2024年3月5日。

对消费者和劳动者的倾斜保护

一个国家民事立法对于社会特殊群体的态度和保护程度，尤能体现这个国家的法治文明程度。[①]《民法典》对消费者和劳动者的倾斜保护是我国法治文明和人文关怀理念的体现，有利于纾解消费者和劳动者的懊恼与愁苦，增加其欢喜与快乐。

一、对消费者的倾斜保护

2021年9月28日，笔者在北京市消费者协会北京市消协系统2021年第三次维权培训班上主讲"《民法典》中消费维权法律对策的系统化"，课上笔者讲到一起"健身课退费案"：

2019年年底至2020年年初，上海一位李女士花费63万元把健身私教课程买到了2034年，之后便后悔了，就起诉健身房想退钱。2020年8月，李女士又被确诊患有肝血管瘤，医生嘱咐她避免剧烈运动。这样一来，合同更加无法履行。于是，李女士找到健身房，希望解除合同，退还支付的56万元。健身房则表示，解除合同可以，但需支付20%的违约金。2021年年初，法院

---

① 王轶、关淑芳：《论民法总则的基本立场》，载《国家行政学院学报》2018年第1期，第105页。

经审理后认为，本案虽不属于法律规定的"情势变更"，但考虑到李女士的身体状况，双方继续履行健身合同的基础已经丧失。李女士因为自身经济状况和身体状况要求解除合同，并非恶意违约，而继续履行合同对其而言显失公平。在形成合同僵局的情形下，法律上允许违约方提起诉讼解除合同。法院判决双方解除合同，消费者向健身房支付未履行合同金额的5%作为赔偿。[①]

《民法典》第580条规定："当事人一方不履行非金钱债务或者履行非金钱债务不符合约定的，对方可以请求履行，但是有下列情形之一的除外：（一）法律上或者事实上不能履行；（二）债务的标的不适于强制履行或者履行费用过高；（三）债权人在合理期限内未请求履行。有前款规定的除外情形之一，致使不能实现合同目的的，人民法院或者仲裁机构可以根据当事人的请求终止合同权利义务关系，但是不影响违约责任的承担。"第580条第2款赋予当事人请求人民法院或者仲裁机构终止合同的权利，以化解合同僵局，该条规定继续履行不能的情形仅适用于非金钱债务。例如，某经营协议系具有合作性质的长期性合同，长期性合作合同须以双方自愿且相互信赖为前提，合作经营一方不履行继续合作经营（开发建设）义务，已撤场，且明确表示不再对经营范围进行民宿及旅游资源开发，要求解除或终止合同，属于不履行非金钱债务，该债务不适合强制履行。[②]

《民法典》第580条并不能完全解决实践中的合同僵局问题，类似于"健身课退费案"这类金钱债务合同僵局该如何处理？可以参照2019年《全国法院民商事审判工作会议纪要》（"九民纪要"）第48条违约方起诉解除制

[①] 《女子花6.3万把健身课买到了2034年，起诉健身房退钱》，载人民网，http://sh.people.com.cn/n2/2021/0303/c176737-34602934.html，最后访问日期：2023年12月30日。

[②] 《北京某旅游公司诉北京某村民委员会等合同纠纷案》，最高人民法院2023年1月12日发布人民法院贯彻实施民法典典型案例（第二批）之七，载最高人民法院网，https://www.court.gov.cn/zixun/xiangqing/386521.html，最后访问日期：2024年3月5日。

度，结合《民法典》禁止民事权利滥用的规则、诚信原则综合判定和解决。

合同僵局司法终止制度并非专门助力消费者摆脱困境，各类合同主体符合司法终止条件的都可以请求终止。《消费者权益保护法》和《食品安全法》等规定的惩罚性赔偿、消费民事公益诉讼则通过提高经营者违法成本、鼓励消费者积极维权，最大限度保护消费者合法权益。

《民法典》第179条第2款规定："法律规定惩罚性赔偿的，依照其规定。"《消费者权益保护法》第55条规定："经营者提供商品或者服务有欺诈行为的，应当按照消费者的要求增加赔偿其受到的损失，增加赔偿的金额为消费者购买商品的价款或者接受服务的费用的三倍；增加赔偿的金额不足五百元的，为五百元。法律另有规定的，依照其规定。经营者明知商品或者服务存在缺陷，仍然向消费者提供，造成消费者或者其他受害人死亡或者健康严重损害的，受害人有权要求经营者依照本法第四十九条、第五十一条等法律规定赔偿损失，并有权要求所受损失二倍以下的惩罚性赔偿。"《食品安全法》第148条第2款规定："生产不符合食品安全标准的食品或者经营明知是不符合食品安全标准的食品，消费者除要求赔偿损失外，还可以向生产者或者经营者要求支付价款十倍或者损失三倍的赔偿金；增加赔偿的金额不足一千元的，为一千元。但是，食品的标签、说明书存在不影响食品安全且不会对消费者造成误导的瑕疵的除外。"

例如，在一起"网购自主同款拉杆箱案"中，消费者在某网购平台店铺买了一个拉杆箱，收到货以后发现品牌和网页上的品牌不符，客服后称"自主同款"，也就是其他品牌的仿版，这种情况能否根据《消费者权益保护法》第55条向法院起诉？

笔者认为，经营者的行为构成欺诈，经营页面图片和说明中都展示产品及品牌，未明确是自主仿制，交付的却是"自主同款"。

在2014年1月26日最高人民法院发布的指导案例23号"孙某山诉南京

欧某超市有限公司江宁店买卖合同纠纷案"（"购买已过保质期的14包香肠案"）中，2012年5月1日，原告孙某山在被告南京欧某超市有限公司江宁店（以下简称欧某超市江宁店）购买"玉兔牌"香肠15包，其中价值558.6元的14包香肠已过保质期。孙某山到收银台结账后，径直到服务台索赔，后因协商未果诉至法院，要求欧某超市江宁店支付14包香肠售价十倍的赔偿金5586元。对此，消费者购买到不符合食品安全标准的食品，要求销售者或者生产者依照食品安全法规定支付价款十倍赔偿金或者依照法律规定的其他赔偿标准赔偿的，不论其购买时是否明知食品不符合安全标准，人民法院都应予以支持。《最高人民法院关于审理食品药品纠纷案件适用法律若干问题的规定》第3条规定："因食品、药品质量问题发生纠纷，购买者向生产者、销售者主张权利，生产者、销售者以购买者明知食品、药品存在质量问题而仍然购买为由进行抗辩的，人民法院不予支持。"

"孙某山诉南京欧某超市有限公司江宁店买卖合同纠纷案"中还有一个值得思考的问题：消费者购买15包香肠，其中14包已过保质期，经营者支付14包香肠售价十倍的赔偿金。这种计算方法实际上采纳了可分之债理论，区分14包已过保质期的香肠和1包符合食品安全标准的香肠，后者对应售价不作为惩罚性赔偿的基数。不过，既然采取可分之债理论，那14包已过保质期的香肠是否同样可以拆分成14个合同，鉴于每包香肠售价的十倍不足1000元，是否14包已过保质期的香肠对应的惩罚性赔偿金应为14000元？期待本书读者可以一起思考这个问题。

二、对劳动者的倾斜保护

2020年8月20日，在天津市经济技术开发区总工会（团委、妇联）2020年度第三期工会干部培训班上，笔者曾经面向工会干部主讲"《民法典》中单位用工风险和劳动者权益保护"。

《劳动合同法》第8条规定了用人单位的告知义务和劳动者的说明义务:"用人单位招用劳动者时,应当如实告知劳动者工作内容、工作条件、工作地点、职业危害、安全生产状况、劳动报酬,以及劳动者要求了解的其他情况;用人单位有权了解劳动者与劳动合同直接相关的基本情况,劳动者应当如实说明。"《民法典总则编司法解释》第21条对欺诈作了定义:"故意告知虚假情况,或者负有告知义务的人故意隐瞒真实情况,致使当事人基于错误认识作出意思表示的,人民法院可以认定为民法典第一百四十八条、第一百四十九条规定的欺诈。"

劳动者欺诈用人单位,须以劳动者负有告知义务为前提。在"求职提供虚假婚育信息不构成欺诈案"中,劳动者求职时隐瞒婚育信息,用人单位以欺诈为由解除劳动关系的,不能被支持。从表面上看,劳动者隐瞒了婚育信息,说了"谎",似乎应构成订立劳动合同时的欺诈:根据《劳动合同法》第26条的规定,劳动合同因该欺诈而无效,进而根据该法第39条的规定,用人单位有权解除劳动合同。但法律意义上的欺诈并不简单等于说谎,而强调当事人对负有说明义务的事项没有说明或者做虚假说明,构成欺诈的前提是当事人存在说明义务,不存在说明义务就不存在欺诈。

就劳动合同订立而言,为了保护劳动者的合法权益,防止用人单位过度收集劳动者的个人信息,侵害劳动者隐私等权益,《劳动合同法》第8条明确规定"用人单位有权了解劳动者与劳动合同直接相关的基本情况",将劳动合同订立过程中,用人单位有权获取、劳动者有义务说明的信息限定为与劳动合同直接相关的基本情况。劳动者婚育信息原则上是与劳动合同无关的信息,因此劳动者也不负说明义务。在不负说明义务的情况下,自然也就无从构成欺诈。《劳动合同法》第8条的规定,同时也构成了平衡订立劳动合同时用人单位知情权与劳动者隐私和个人信息权益的基本规则,劳动者信息提供义务的制度安排同时也发挥着反就业歧视的功能。①《妇女权益保障法》第43条规定:"用人单位在招录(聘)过程中,除国家另有规定外,不得实施下列行为:……(二)除个人基本信息外,进一步询问或者调查女性求职者的婚育情况;……"

对劳动者的倾斜保护有利于弘扬敬业这一社会主义核心价值观。用人单位向劳动者行使追偿权门槛的提高,有助于避免劳动者动辄得咎,提高劳动者的劳动积极性。

《民法典》第1191条规定:"用人单位的工作人员因执行工作任务造成他人损害的,由用人单位承担侵权责任。用人单位承担侵权责任后,可以向有故意或者重大过失的工作人员追偿。劳务派遣期间,被派遣的工作人员因执行工作任务造成他人损害的,由接受劳务派遣的用工单位承担侵权责任;劳务派遣单位有过错的,承担相应的责任。"第62条规定:"法定代表人因执行职务造成他人损害的,由法人承担民事责任。法人承担民事责任后,依照法律或者法人章程的规定,可以向有过错的法定代表人追偿。"对这两个条文作体系解释,可以发现用人单位向工作人员行使追偿权的归责原则——工作人员有故意或者重大过失,不同于法人向法定代表人行使追偿权的归责原则——法定代表人有过错。用人单位在制定劳动纪律时,不得规定用人单位有权向有一般过错的工作人员追偿。法定代表人不同于普通工作人员,立法对前者的注意义务提出更高要求,可谓能力越大,责任越大。

综合对消费者、劳动者倾斜保护的价值判断和实践做法,理论上可以存在有利于消费者、劳动者的法律解释方法。例如,《劳动合同法》第34条规定了用人单位合并或者分立情形下劳动合同的继受:"用人单位发生合并或者分立等情况,原劳动合同继续有效,劳动合同由承继其权利和义务的用人

---

① 沈建峰:《求职提供虚假婚育信息不构成欺诈》,载《人民政协报》2021年7月6日,第12版。

单位继续履行。"该条规定了劳动合同的强制继受规则，但未规定劳动者在用人单位发生合并或者分立等情况下是否享有工作选择权。对此，应该本着对劳动者有利和倾斜保护劳动者的原则，将《劳动合同法》第34条解释为新用人单位负担的强制义务，而劳动者应享有工作选择权，以最大限度保护劳动者的劳动权益。①

类似地，《劳动合同法》第37条规定："劳动者提前三十日以书面形式通知用人单位，可以解除劳动合同。劳动者在试用期内提前三日通知用人单位，可以解除劳动合同。"用人单位和劳动者签订的劳动合同中经常会约定："在试用期内，劳动者可以随时书面通知单方面解除劳动合同，但劳动者承诺的服务期限未满的除外。"在劳动者保护方面，劳动合同可以约定比《劳动合同法》更有利于劳动者的条款，但如果约定更不利于劳动者的条款，则该不利条款无效。

平台经济新就业形态下劳动者劳动保障权益是热点难点问题。2021年12月24日，《国家发展改革委等部门关于推动平台经济规范健康持续发展的若干意见》发布，该意见指出："平台经济是以互联网平台为主要载体，以数据为关键生产要素，以新一代信息技术为核心驱动力、以网络信息基础设施为重要支撑的新型经济形态。""加强新就业形态劳动者权益保障。""落实网约配送员、网约车驾驶员等新就业形态劳动者权益保障相关政策措施。完善新就业形态劳动者与平台企业、用工合作企业之间的劳动关系认定标准，探索明确不完全符合确立劳动关系情形的认定标准，合理确定企业与劳动者的权利义务。引导平台企业加强与新就业形态劳动者之间的协商，合理制定订单分配、计件单价、抽成比例等直接涉及劳动者权益的制度和算法规则，并公开发布，保证制度规则公开透明。健全最低工资和支付保障制度，保障

---

① 叶珊：《企业并购中雇员的工作选择权》，载《法商研究》2017年第1期，第75页。

新就业形态劳动者获得合理劳动报酬。开展平台灵活就业人员职业伤害保障试点，探索用工企业购买商业保险等机制。实施全民参保计划，促进新就业形态劳动者参加社会保险。加强对新就业形态劳动者的安全意识、法律意识培训。"

对中小微企业的倾斜保护

中小微企业属于市场主体中的特殊群体。中小微企业是国民经济和社会发展的生力军,是建设现代化经济体系、推动经济实现高质量发展的重要基础,是扩大就业、改善民生、促进创业创新的重要支撑,是企业家精神的重要发源地。《中小企业促进法》第2条第1款规定:"本法所称中小企业,是指在中华人民共和国境内依法设立的,人员规模、经营规模相对较小的企业,包括中型企业、小型企业和微型企业。"

优化营商环境需要对各类市场主体平等保护、一视同仁。我国民商法的一个重要发展方向是进一步区分机关、事业单位、大型企业、中小微企业和个体经营者,重视通过市场化、法治化办法对中小微企业、个体工商户等市场主体进行倾斜保护。党的二十大报告明确要求:"支持中小微企业发展。"中小微企业日渐成为《民法典》第128条立法未尽之言中的特殊群体。《民法典》第128条规定:"法律对未成年人、老年人、残疾人、妇女、消费者等的民事权利保护有特别规定的,依照其规定。"该条中的"等"是等外等,该条对应的社会特殊群体具有法定性和相对开放性,劳动者、中小微企业都可以被纳入。

一、解决拖欠中小微企业款项问题

现金流对中小微企业的发展至关重要，最怕"货卖出去、钱收不回来"。2017年修订后的《中小企业促进法》第53条规定："国家机关、事业单位和大型企业不得违约拖欠中小企业的货物、工程、服务款项。中小企业有权要求拖欠方支付拖欠款并要求对拖欠造成的损失进行赔偿。"2020年5月，中共中央、国务院印发《关于新时代加快完善社会主义市场经济体制的意见》，明确作出健全清理和防止拖欠民营企业中小企业账款长效机制的要求。2020年7月5日发布、2020年9月1日起施行的《保障中小企业款项支付条例》第3条第2款规定："中小企业、大型企业依合同订立时的企业规模类型确定。中小企业与机关、事业单位、大型企业订立合同时，应当主动告知其属于中小企业。"第8条第1款规定："机关、事业单位从中小企业采购货物、工程、服务，应当自货物、工程、服务交付之日起30日内支付款项；合同另有约定的，付款期限最长不得超过60日。"第15条规定："机关、事业单位和大型企业迟延支付中小企业款项的，应当支付逾期利息。双方对逾期利息的利率有约定的，约定利率不得低于合同订立时1年期贷款市场报价利率；未作约定的，按照每日利率万分之五支付逾期利息。"工业和信息化部于2021年12月30日印发《保障中小企业款项支付投诉处理暂行办法》。

《最高人民法院关于审理民间借贷案件适用法律若干问题的规定》第25条规定："出借人请求借款人按照合同约定利率支付利息的，人民法院应予支持，但是双方约定的利率超过合同成立时一年期贷款市场报价利率四倍的除外。前款所称'一年期贷款市场报价利率'，是指中国人民银行授权全国银行间同业拆借中心自2019年8月20日起每月发布的一年期贷款市场报价利率。"

结合以上规定，机关、事业单位和大型企业迟延支付中小微企业款项的代价高昂——双方对逾期利息的利率未作约定的，按照每日利率万分之五支付逾期利息。每日利率万分之五，对应逾期利息的年利率就是18.25%。中国人民银行授权全国银行间同业拆借中心公布，2022年10月20日贷款市场报价利率（LPR）中1年期LPR为3.65%。作为民间借贷利率法定上限的一年期贷款市场报价利率四倍为14.6%。迟延支付中小微企业款项的逾期利息利率比民间借贷利率法定上限还要高。

《保障中小企业款项支付条例》第15条在款项支付问题上实现对中小微企业的倾斜保护，该条未提及个体工商户。《促进个体工商户发展条例》第31条规定："机关、企业事业单位不得要求个体工商户接受不合理的付款期限、方式、条件和违约责任等交易条件，不得违约拖欠个体工商户账款，不得通过强制个体工商户接受商业汇票等非现金支付方式变相拖欠账款。"运用举轻以明重的解释方法和目的解释方法，对中小微企业有此倾斜保护方法，对个体工商户更应同此保护。机关、企业事业单位违约拖欠个体工商户账款的，适用《保障中小企业款项支付条例》第15条。

二、缓解中小微企业融资难、融资贵问题

支持中小微企业以应收账款、知识产权、存货、机器设备等为担保品进行担保融资，拓宽中小微企业融资渠道，缓解中小微企业融资难问题。《中小企业促进法》第13条规定："金融机构应当发挥服务实体经济的功能，高效、公平地服务中小企业。"第19条规定："国家完善担保融资制度，支持金融机构为中小企业提供以应收账款、知识产权、存货、机器设备等为担保品的担保融资。"第20条规定："中小企业以应收账款申请担保融资时，其应收账款的付款方，应当及时确认债权债务关系，支持中小企业融资。国家鼓励

中小企业及付款方通过应收账款融资服务平台确认债权债务关系，提高融资效率，降低融资成本。"《民法典》第396条动产浮动抵押制度更是利好中小微企业的抵押制度。

金融机构增加对中小微企业的贷款，降低中小微企业的贷款利率，精准输血中小微企业，靶向实施融资支持，也有助于解决中小微企业的融资难、融资贵问题。《民法典》第680条禁止高利放贷、《最高人民法院关于审理民间借贷案件适用法律若干问题的规定》第25条民间借贷利率法定上限制度都发挥着降低实体经济融资成本、降低中小微企业融资成本的功能。

三、对中小微企业的倾斜保护是一项重要司法政策

对中小微企业的倾斜保护不仅是一项国家产业政策、立法价值判断，还是一项司法政策。对中小微企业的保护实效是营商环境指标体系中的一项重要内容。

2022年10月13日笔者在山东大学法学院民法学子讲坛第一讲主讲"民法典中的人"，张平华教授在与谈环节提了一个问题——《民法典》中不同类型人的行为标准对法官裁判实践有何影响？对此，法发〔2022〕2号《最高人民法院关于充分发挥司法职能作用　助力中小微企业发展的指导意见》作出了系统总结。

法发〔2022〕2号聚焦助力中小微企业发展六个方面的司法政策：积极营造公平竞争、诚信经营的市场环境，切实加强中小微企业产权司法保护，助力缓解中小微企业融资难、融资贵问题，依法高效办理拖欠中小微企业账款案件，有效发挥司法对中小微企业的挽救功能，最大限度降低保全、执行措施对中小微企业等市场主体的不利影响。例如，该指导意见中支持保护中

小微企业自主交易的如下司法政策就是中小微企业"画像"对法官裁判实践产生影响的生动注脚:"弘扬契约精神,具有优势地位的市场主体利用中小微企业处于危困状态或者对内容复杂的合同缺乏判断能力,致使合同成立时显失公平,中小微企业请求撤销该合同的,应予支持……"

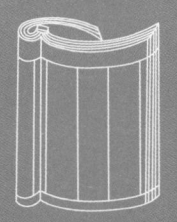

第三章

具体的形象的人

对见义勇为救助者的鼓励

2022年10月12日，中国政法大学刘智慧教授嘱笔者为第23届江平民商法奖学金评选拟3道以"见义勇为"为核心知识点的选择题，可以3题独立，也可以1个大题下面设3个小题。2022年10月13日，笔者拟好如下3题：

甲女与乙女为好友，乙在与男友丙分手后向甲求助，甲同意乙搬到甲租的公寓同住。两个月后的一天，丙找到该公寓对乙滋扰纠缠，在乙的请求下甲将丙劝离，丙仍通过跟踪、发信息等方式对乙纠缠恐吓，乙未将此情况告知甲。当天深夜乙下班后请求甲陪同步行回公寓，事先埋伏在楼里的丙携刀与走在后面的甲相遇并发生争执，走在前面的乙打开公寓门，先行入室、将门锁闭，后丙杀死仍在门外的甲。乙在公寓内两次拨打报警电话。根据案情，回答如下问题：

1.就甲、乙、丙三人之间的关系，如下表述正确的是（BC）。

A.甲乙之间存在租赁合同关系

B.甲允许乙搬到自己的公寓同住，甲构成情谊行为

C.甲对乙构成见义勇为

D.乙和丙对甲实施了共同侵权行为

2.甲死亡对应的相关民事法律责任，以下说法正确的是（BC）。

A.乙在公寓内两次拨打报警电话，因此乙对甲的死亡无过错

B.乙对于甲负有诚实告知危险和善意提醒危险的注意义务

C.乙打开公寓门先行入室、将门锁闭的做法不符合诚信友善价值观

D.对甲的死亡，应由丙承担全部责任

3.甲的近亲属起诉乙，请求乙承担赔偿责任，对法官裁判该案时的实体法依据，不考虑《民法典》的溯及力，如下说法正确的是（C）。

A.法官应当援引《民法典》第1171条因果关系叠加的无意思联络数人侵权规定

B.法官应当援引《民法典》第1198条第2款违反安全保障义务的侵权责任规定

C.法官应当援引《民法典》第1165条第1款过错侵权责任规定

D.法官应当援引《民法典》第183条见义勇为行为中的受益人给予适当补偿的规定

熟悉法治热点的朋友会发现，上面3道题实际上是对2022年年初山东省青岛市城阳区人民法院"江某莲与刘某生命权纠纷案"一审判决的提炼评析。

2022年1月，山东省青岛市城阳区人民法院对"江某莲与刘某生命权纠纷案"作出一审判决，法院认为："扶危济困是中华民族的传统美德，诚信友善是社会主义核心价值观的重要内容。司法裁判应当守护社会道德底线，弘扬美德义行，引导全社会崇德向善。基于民法诚实信用基本原则和权利义务相一致原则：在社会交往中，引入侵害危险、维持危险状态的人，负有采取必要合理措施以防止他人受到损害的安全保障义务；在形成救助关系的情况下，施救者对被救助者具有合理的信赖，被救助者对于施救者负有更高的诚实告知和善意提醒的注意义务。"[①]

---

① "江某莲与刘某生命权纠纷案"，山东省青岛市城阳区人民法院（2019）鲁0214民初9592号民事判决书。2022年12月30日，山东省青岛市中级人民法院对本案作出二审判决，驳回刘某的上诉，维持原判。

侵权责任的因果关系要件、过错要件及其注意义务认定标准等，都需要结合个案具体化。不考虑《民法典》的溯及力，结合《民法典》条文，对本案评析如下：

第一，本案中，法院并不是根据见义勇为中被救助者对救助者的适当补偿制度加以判决，不是根据经营者、管理者或者群众性活动的组织者未尽安全保障义务时承担相应的补充责任加以判决，不是根据共同侵权、教唆帮助侵权行为或者共同危险行为等情形下的连带责任加以判决，不是根据不真正连带责任判决，也不是根据诚信这一基本原则作出判决，而主要根据过错责任归责原则进行判决，将本案作为普通过错侵权案件对待。

第二，侵权责任的因果关系要件、过错要件及其注意义务认定标准等，都需要结合个案具体化。刘某本身就是侵权行为人，其实施的是不作为侵权（引入和维持危险却不诚实告知或者善意提醒危险、不打开房门），属于一般侵权行为，其行为与江某死亡之间具有一定的因果关系。作为义务的证成是本案核心难题。陈某峰和刘某对江某都构成侵权，但不属于《民法典》第1168条规定的共同侵权行为，不属于第1170条规定的共同危险行为，不属于第1171条因果关系叠加的无意思联络的数人侵权，属于《民法典》第1172条因果关系累积的无意思联络的数人侵权，但不构成刑事共犯。刘某与直接行为人陈某峰应当根据其过错程度以及原因力大小等因素，承担相应份额的按份责任。

第三，从法院裁判依据特别是裁判基础规范看，刘某承担的是《民法典》第1165条第1款过错侵权责任，而非第183条被救助者的适当补偿责任，也非第1198条第2款相应的补充责任。

第四，本案不宜适用《民法典》第183条见义勇为被救助者的适当补偿责任制度，见义勇为被救助者的适当补偿责任制度也无法支持救助者对被救助者的精神损害赔偿请求。适用见义勇为被救助者的适当补偿责任制度的前提是被救助者无过错，而刘某承担的是过错侵权责任。紧急救助中被救助者存在过错的，优先适用过错责任归责原则的一般条款，以使得被救助者自负其责。刘某不仅是被救助者，更是不作为侵权人。当然，适用见义勇为被救助者的适当补偿责任制度的前置条件不简单对应侵权人无力承担民事责任，要区分受益人"可以给予适当补偿"和"应当给予适当补偿"的不同构成要件。

第五，法院在裁判说理中对侵权责任的过错要件及其注意义务认定标准结合个案具体化，褒扬扶危济困、崇德向善、无私利他、友爱互助、知恩图报的善行义举、美德义行，充分发挥诚信原则、诚信友善社会主义核心价值观的释法说理作用，增强法治的道德底蕴，展现司法裁判的温度，实现法理情的有机结合，实现法律效果、社会效果和政治效果的统一。当然，道德说理并不能替代精细的法律论证。

第六，法院肯定死者的近亲属江某莲受到严重精神损害，通过支持精神损害抚慰金（20万元）对死者的近亲属进行充分的法律抚慰，体现了民法人文关怀理念，用法治的力量守护世道人心。有难不同当者还背信弃义、忘恩负义，理当受到法律的不利评价。

第七，法院在裁判说理中所论证的被救助者刘某的安全保障义务，并非《民法典》第1198条规定的宾馆、商场、银行、车站、机场、体育场馆、娱乐场所等经营场所、公共场所的经营者、管理者或者群众性活动的组织者的安全保障义务，实际上是对社会交往中被救助者作为义务、注意义务在个案中的再具体化，是被救助者基于引入侵害危险、维持危险状态的先行行为所应当负担的作为义务，是民事权利义务责任协调统一原则的具体展开。

第八，本案还涉及如下复杂问题：请求权规范（裁判规范）的精准选择、涉外民事案件管辖、涉外民事法律关系法律适用、涉外证据的采用、一审具体审判程序、江某莲追诉直接加害人陈某峰时的民法刑法问题、刘某与陈某峰对江某死亡的原因力及责任分担，以及刘某承担民事责任后是否可以向陈某峰追偿，还是说刘某和陈某峰不构成不真正连带责任或者相应的补充责任不存在追偿问题而是自负其责等，值得认真研讨。

总体上，"江某莲与刘某生命权纠纷案"的特殊性在于救助者的见义勇为与被救助者的侵权行为并存，原告基于被救助者的侵权行为请求其承担侵权责任。《民法典》第183条规定的救助制度对应的则是救助者的见义勇为，或者救助者见义勇为与侵权人的侵权行为并存，该条不解决被救助者侵权行为的责任承担问题。

党的二十大报告明确要求，"营造见义勇为社会氛围"[1]。《民法典》第183条对救助者的损害弥补机制有助于避免"英雄流血又流泪"，实现对救助者的鼓励，消除其后顾之忧。《民法典》第184条对救助者的免责规定体现了对救助者的宽容，避免其实施救助过程中瞻前顾后。

《民法典》第183条规定："因保护他人民事权益使自己受到损害的，由侵权人承担民事责任，受益人可以给予适当补偿。没有侵权人、侵权人逃逸或者无力承担民事责任，受害人请求补偿的，受益人应当给予适当补偿。"侵权行为人对救助者承担侵权责任，是矫正正义的要求。受益人"可以给予适当补偿""应当给予适当补偿"，均是公道正义的体现。对救助者仍未能得到补偿的损害，由有关行政机关通过见义勇为基金兜底给予行政补偿，这是分配正义的要求。[2]

根据《民法典》第183条的规定，如何协调见义勇为和无因管理之间的关系？见义勇为属于紧急无因管理，无因管理中管理人因管理事务而"支出

---

[1] 习近平：《高举中国特色社会主义伟大旗帜　为全面建设社会主义现代化国家而团结奋斗——在中国共产党第二十次全国代表大会上的报告》，人民出版社2022年版，第54页。

[2] 王雷：《我国民法典总则编的多元正义观》，载《甘肃社会科学》2021年第5期，第100-109页。

的必要费用","可以请求受益人偿还"。见义勇为救助者所受损害("受到损害")只能请求受益人"给予适当补偿"。管理人"支出的必要费用"不同于救助者"受到损害"。传统无因管理制度中的必要费用返还请求权无法救济见义勇为救助者所受损害。为解决管理人和受益人之间的内部利益冲突，传统无因管理制度曾力图通过扩张解释"必要费用"来实现对管理人受到损害的全面救济。原《民法通则》第93条规定："没有法定的或者约定的义务，为避免他人利益受损失进行管理或者服务的，有权要求受益人偿付由此而支付的必要费用。"原《最高人民法院关于贯彻执行〈中华人民共和国民法通则〉若干问题的意见（试行）》[①]第132条规定："民法通则第九十三条规定的管理人或者服务人可以要求受益人偿付的必要费用，包括在管理或者服务活动中直接支出的费用，以及在该活动中受到的实际损失。"这种做法适用到对见义勇为救助者所受损害的救济，类型不周延。见义勇为包括侵害制止型和抢险救灾型，就侵害制止型见义勇为而言，救助者"受到损害"由侵权人引起，救助者虽为受益人利益而行为，但二者不是并列原因，应该先由引发损害的侵权人承担赔偿责任，受益人承担的只能是补充的适当补偿。见义勇为救助者受到损害对应特殊无因管理之债，对救助者受到损害的救济不能完全苛责由受益人负担。

《民法典》第183条对"给予适当补偿"做了类型化处理，《民法典》第979条第1款后段进一步做了体系照应："管理人因管理事务受到损失的，可以请求受益人给予适当补偿。"立法正式将"给予适当补偿"和"偿还由此支出的必要费用"区分开来，是对《民法典》第121条的发展完善。在对见义勇为救助者受到损害的救济机制上，《民法典》第979条第1款成为一般规定，《民法典》第183条成为特别规定，后者是对前者"受益人给予适当补

[①] 已失效。

偿"的再类型化。

实际上，因保护他人民事权益而受到损害，完全符合无因管理的构成要件，但《民法典》第183条在法律后果上与《民法典》第121条无因管理有别，前者不再持守全有全无式的价值判断，而是在受害人（救助者）和受益人之间进行或多或少式的利益衡量。对见义勇为救助者受到损害的救济，发展完善了传统无因管理制度。

对见义勇为救助者受到损害的救济，《民法典》中存在复杂的一般规定和特别规定关系，不能简单、宏观、笼统地认为总则编就是一般规定，分则各编就是特别规定。《民法典》第183条和第121条之间存在特别规定和一般规定关系，第979条和第121条之间存在特别规定和一般规定关系，第183条和第979条之间还存在特别规定和一般规定关系。[①]

[①] 王雷：《民法典总则编的总则性和非总则性特点及其体系影响》，载《山东大学学报（哲学社会科学版）》2022年第5期，第116—117页。

农民集体与农民集体成员

《民法典》总则编第二、三、四章分别规定了自然人、法人、非法人组织，这是民事主体的主要部分，但非全部。《民法典》物权编第五章规定"国家所有权和集体所有权、私人所有权"，国家和集体也可以成为民事主体，作为所有权人。

作为国家所有权主体的国家，不同于《民法典》第97条规定的机关法人，机关法人属于特别法人。根据《民法典》第255条的规定，机关法人可以成为国家所有权的代表行使主体之一。

作为集体所有权主体的农民集体、城镇集体不同于《民法典》第99条至第101条特别法人中的农村集体经济组织、城镇农村的合作经济组织或者村民委员会。根据《民法典》第262条的规定，村集体经济组织、村民委员会、村内各集体经济组织、村民小组、乡镇集体经济组织是集体所有权的代表行使主体。

不能混淆农民集体与农民集体成员，不能混淆农民集体与村民委员会、村集体经济组织或者村民小组。

在"某村民委员会赔偿款来源纠纷"中，村民委员会组织村集体工程建设时未尽安全保障义务，致人受伤，法院判决村民委员会败诉。村民委员会主任表示服诉息判，积极筹集赔偿款。村民委员会主任从法院回村后接着筹集赔偿款，通过广播通知全村村民，根据法院判决，每户须缴纳2000元赔偿款。

本案中，村民委员会是农民集体所有权的代表行使主体，村民委员会败诉，应当从村集体财产中列支赔偿款，不能逐户筹集。村民委员会主任筹集赔偿款的做法混淆了农民集体和农民集体成员两类不同的民事主体。

党的十九大报告提出"健全自治、法治、德治相结合的乡村治理体系"[①]；《中共中央、国务院关于实施乡村振兴战略的意见》指出："乡村振兴，治理有效是基础。"建立和健全乡村治理体系是乡村振兴的基础和最大难题。为妥当协调农民集体与农民集体成员的关系，笔者提出构建"一体两翼"的乡村治理体系[②]：以乡村治理体系为"一体"，以农民集体成员权和农民集体决议行为为"两翼"。

农民集体所有权的规范目的是实现农民集体成员权，经由民主决策程序实现村民自治。农民集体成员权是农民对集体所享有权利的总称，其重要价值目标之一是实现对集体财产的分配正义。农民集体决议行为是农民集体成员权的主要行使方式和村民自治的民法体现，其法理基础在于根据程序正义的要求基于民主多数决议的意思表示形成机制实现农民集体的公共选择。健全乡村治理体系和完善农民集体决议行为规则的根本目的是保障农民集体成员权的实现。

一、"一体两翼"乡村治理体系的基本内容

农民集体成员权是农民对集体所享有权利的总称，包括实体性的受益权能和程序性的管理权能。决议行为是农民集体成员权的主要行使方式和村民

---

① 习近平：《决胜全面建成小康社会，夺取新时代中国特色社会主义伟大胜利》，载《习近平谈治国理政》（第三卷），外文出版社2020年版，第25页。

② 王雷：《农民集体成员权、农民集体决议与乡村治理体系的健全》，载《中国法学》2019年第2期，第128–129页。

自治的民法体现。"一体两翼"的乡村治理体系以完善农民集体决议行为法律制度为具体法律手段和着力点，实现保障农民集体成员权这一微观法律目标和健全乡村治理体系这一宏观政策目标。其中，作为"一体"的乡村治理本身并不是目的，而是作为上位抽象概念和宏观政策目标来回答乡村发展的方向——经由治理有效，达致乡村振兴。农民集体决议作为"两翼"中的"一翼"，回答的是"谁来治理"和"如何治理"的问题，作为民主的实现形式，其本身只是治理手段，而非治理目的。农民集体成员权作为"两翼"中的另"一翼"，回答的是"为谁治理"的问题。一切发展和治理都要以人为本，都要服从和服务于人的自由与幸福。将保障农民集体成员权的实现作为健全乡村治理体系和完善农民集体决议行为规则的根本目的，是中国农业、农村、农民发展问题的理论逻辑、历史逻辑和实践逻辑的有机统一和必然要求。

对"一体两翼"的乡村治理体系可以从多角度、全方位观察和研究，涉及党规与国法、法治与德治、公法与私法。在坚持集体所有权的背景下，要重视从村民自治、民主决议的民法视角对基层治理自治化、法治化做探索，围绕农民集体成员权和农民集体决议行为展开论证。一方面，"赋予农民更多财产权利""深化农村集体产权制度改革，保障农民财产权益"都离不开对农民集体成员权及其实现机制的深入研究，相关探讨有助于实现农民集体财产的分配正义，并通过明确农村产权和农民集体成员权权属实现定分止争、保障和树立农民恒产恒心、激发农业农村发展活力。另一方面，农民集体决议行为是决议行为的重要类型，对农民集体决议行为的立法完善有助于推进农村基层社会治理的法治化。农民集体决议是民主这一社会主义核心价值观在农村治理过程中的具体体现，在农村社会治理过程中，总结村民自治实践经验、完善《村民委员会组织法》以及解释适用《农村集体经济组织法》中有关农民集体决议行为的相关法律规则，有利于"健全自治、法治、德治相结合的乡村治理体系"。

二、农民集体所有权的规范目的是实现农民集体成员权，应当明确农民集体成员权的认定标准

农民集体所有权具有以下特征：第一，农民集体所有权不等于农民集体成员所有权，也不等于农民集体成员共有权。农民集体所有权的规范目的是保障集体成员权的实现，即回答乡村治理"为谁治理"的问题。第二，农民集体所有权的主体是农民集体或者说是"本集体成员集体"。农民集体具有单一性和整体性，农民集体资产不可分割到个人。农民集体不等于农民集体成员，也不等于农村集体经济组织。农民集体所有权采取代表行使的机制。应对农民集体所有权的代表行使机制进行完善，以充分实现农民集体成员的利益。第三，农民集体所有权的行使具有民主程序性，即经由民主程序实现村民自治。

例如，在"某村民委员会擅自对外转让村集体资产案"中，法院认为农村集体所有制企业的资产属于村民集体所有，该企业被征收后的补偿款亦属于村民集体所有。未经村民会议授权，村民委员会擅自对外签章承诺将该村集体企业的部分财产份额或企业被征收后的部分补偿款份额转让给他人的，违反了村民委员会组织法的规定，该承诺或约定应属无效。[1]

农民集体成员权属于民法成员权中的一种，以具有村集体农民的特定身份为前提，属于独立的民事权利类型。从权利内容看，农民集体成员权属于包含多种权能的复合性权利。农民集体成员权中的受益权能是核心，属于实体性权利；参与管理权能是手段，属于程序性权利。

---

[1] 《上海友某房地产开发有限公司诉宝山区杨行镇某村村民委员会借款合同纠纷案》，载《最高人民法院公报》2022年第5期。

立法应当规定确认农民集体成员身份的实体规则和程序规则，应该例示农民集体成员身份认定的实体考量因素，如户籍、是否存在土地承包关系、对集体资产积累的贡献等，并授权农民集体因地制宜地通过民主决议作出决定。

三、农民集体决议是农民集体成员权行使的外在重要方式，应当完善农民集体决议的具体规则

农民集体团体治理的实现依赖于农民集体决议行为的依法成立和生效。农民集体决议行为是农民集体成员权行使的外在重要方式，是农民集体团体治理的重要技术工具，其回答了乡村治理中"谁来治理"和"如何治理"的问题。

农民集体决议行为服务于农民集体成员权的实现，但也有可能侵害农民集体成员权乃至农民集体所有权。"保障农民集体经济组织成员权利"就要确保农民在集体决议行为直接或者间接侵害其合法权益时有可能采取的救济措施。建议立法做如下细化规定：集体所有的财产受法律保护，禁止任何单位和个人侵占、哄抢、私分、破坏。集体经济组织、村民委员会或者其负责人作出的决定侵害集体所有的财产，或者集体经济组织负责人、村民委员会负责人怠于行使侵权请求权的，本集体十分之一以上的成员或者三分之一以上的成员代表有权要求行为人承担停止侵害、消除危险、排除妨害、返还原物、赔偿损失等责任。

保障农村村民实行自治，由村民依法办理自己的事情，关键是确立和保障农民集体成员权，并保障农民集体决议行为依法、民主、有序开展。农民集体决议行为是农民集体成员按照法律规定的民主议定程序组成议事主体，召开村民会议或者村民代表会议，对涉及村集体经济组织财产和成员权益的

事项进行讨论、作出决定的民事法律行为。

应根据正当程序规则完善农民集体决议的召集通知和表决方式。《村民委员会组织法》第21条并未对召集村民会议提前通知作出规定。对此，建议立法完善方案如下："村民委员会召集村民会议应当提前通知会议召开的时间、地点和审议的事项。""村民会议不得对召集通知中未列明的事项作出决议。"农村集体土地承包方案决议的表决方式也存在需要完善之处。为使涉及村民利益的承包方案权威合理，应以《农村土地承包法》第19条第3项所规定的2/3以上多数决表决规则为准。《村民委员会组织法》第22条和第26条规定的2/3以上参加并由到会人员过半数通过的表决规则无法真正体现决议行为多数决的要求，不利于实现民权民用，应该做相应修正。

对《村民委员会组织法》第24条中的"涉及村民利益"应限缩解释为"村民共同利益"。如果只是涉及村民个体利益事项，就不能通过集体决议替代个体意思自治。例如，很多农村通过召开村民会议或者村民代表会议作出决议积极推行宅基地置换/归并，以拆旧建新，节约宅基地用地，改善农村居住条件。但在这个过程中，对少数不同意参与拆旧建新的村民的宅基地，不能一并"拆旧"。对每户宅基地置换/归并不同于可通过多数决策的"宅基地的使用方案"。

农民集体决议效力瑕疵制度体现了在乡村治理问题上村民自治和国家管制之间的边界，对其进行立法完善有助于实现乡村治理体系中自治与法治的协调。建议立法明确：集体经济组织、村民委员会或者其负责人作出的决定侵害集体成员土地承包经营权、宅基地使用权、集体土地补偿费分配权或者集体收益分配权等受益权利的，受侵害的集体成员可以请求人民法院予以变更或者撤销。

四、总结

农民集体所有权的实现、农村土地"三权分置"和农村集体产权制度改革都需要本着分配正义的理念，赋予农民更多财产权利，保障农民集体经济组织成员权利，实现民利民享。农民集体所有权的规范目的是实现集体成员的利益，其行使具有民主程序性，并经由民主决策程序实现村民自治。"赋予农民更多财产权利""深化农村集体产权制度改革，保障农民财产权益"都离不开对农民集体成员权的确认及其实现机制的完善。乡村治理体系的健全是"一体"，农民集体成员权和农民集体决议行为是"两翼"。健全乡村治理体系和完善农民集体决议行为法律制度的根本目的都是保障农民集体成员权的实现，以更好地推进农村基层社会治理的法治化和"健全自治、法治、德治相结合的乡村治理体系"。

业主与物业服务人

当前中国处于城镇化快速发展时期，《2023年政府工作报告》指出：过去五年，常住人口城镇化率从60.2%提高到65.2%[①]；《2024年政府工作报告》指出：常住人口城镇化率提高到66.2%[②]。城镇化快速发展时代的小区善治成为基层治理的重难点问题。小区治理是市域治理和国家治理的有机组成部分。小区善治是基层治理现代化、市域治理现代化和国家治理现代化的应有之义。《民法典》通过权利、义务、责任的配置，明确业主、业主委员会、物业服务企业、建设单位、地方人民政府有关部门、居民委员会、公安等机关的行止边界，使其各尽所能、各得其所、各安其分、和谐相处，以助力小区治理，推进小区善治，实现业主自治基础上的多方共治。我国住宅小区围绕明确不动产权归属、充分发挥不动产效用、保护不动产权利人物权、规范物业服务、保障人们头顶上的安全等存在哪些治理难题？《民法典》提供了哪些新制度以助力小区治理，推进小区善治？

第一，针对业主大会成立难，《民法典》第277条规定："业主可以设立业主大会，选举业主委员会。业主大会、业主委员会成立的具体条件和程序，

[①] 《2023年政府工作报告》，载中国政府网，https://www.gov.cn/zhuanti/2023lhzfgzbg/index.htm?eqid=a2d7d66800005226000000066459ed2a，最后访问日期：2024年5月23日。

[②] 《2024年政府工作报告》，载中国政府网，https://www.gov.cn/yaowen/liebiao/202403/content_6939153.htm，最后访问日期：2024年5月23日。

依照法律、法规的规定。地方人民政府有关部门、居民委员会应当对设立业主大会和选举业主委员会给予指导和协助。"只有选举业主委员会、设立和召开业主大会，才能对有关共有和共同管理权利的重大事项进行共同决策，避免"公地悲剧"。业主自治是小区善治的基础和前提，小区善治也离不开多方共治。应该在业主之间塑造团结民主的良好氛围。公权力介入小区治理，应该遵循"法无授权不可为""法定职责必须为"的法治思维。对于设立业主大会和选举业主委员会，地方人民政府有关部门、居民委员会应当给予指导和协助，而非批准或者登记，公权力机关和基层自治组织在小区治理过程中不能缺位也不能越位，以实现多方共治。

能否禁止未按时足额交纳物业费的业主担任业主委员会委员呢？对此，2020年《北京市物业管理条例》第39条第3款第4项将"按时足额交纳物业费、不存在欠缴专项维修资金及其他需要业主共同分担费用的情况"作为业主委员会委员任职资格必要条件之一，这涉及业主自治和国家管制之间的关联互动。2019年12月17日，笔者参加北京市人大常委会法制办公室"《北京市物业管理条例（草案）》专家论证会"[①]，并在会前向北京市人大常委会提交立法咨询报告《对〈北京市物业管理条例（草案）〉的完善建议》。在2019年12月17日专家论证会上，笔者曾建议不要将"按时足额交纳物业费、不存在欠缴专项维修资金及其他需要业主共同分担费用的情况"作为业主委员会委员任职资格条件之一，避免立法以简单选边站的方式介入业主和物业服务人之间的争议。2020年2月11日，笔者向北京市人大常委会法制办公室报送立法咨询报告《对〈北京市物业管理条例（草案）〉的完善建议》，对照《北京市物业管理条例（草案二次审议征求意见稿）》再次报送该完善建议。2021年12月21日，第十三届全国人民代表大会常务委员会第三十二次会议

---

① 《法制办公室召开〈北京市物业管理条例（草案）〉专家论证会》，载北京市人大常委会网，http://www.bjrd.gov.cn/xwzx/rdyw/202012/t20201223_2183226.html，最后访问日期：2024年5月23日。

听取了《全国人民代表大会常务委员会法制工作委员会关于2021年备案审查工作情况的报告》，报告中提出："有的地方性法规规定，小区业主参选业主委员会成员的前提条件之一是必须'按时交纳物业费等相关费用'。有公民对此规定提出审查建议。我们审查认为，业主委员会是业主自治组织，其参选资格以业主身份为基础。业主未按时交纳物业管理费，属于业主违反物业服务合同的民事违约行为。地方性法规以此限制业主参选业主委员会的资格，与《民法典》的有关规定相抵触。经沟通，制定机关已对相关规定作出修改。"[①]

第二，针对业主大会作出决议难，《民法典》第278条第2款通过参与表决比例基础上的多数决，而非全体业主基础上的多数决，实质降低了表决比例要求，以提高决议效率："业主共同决定事项，应当由专有部分面积占比三分之二以上的业主且人数占比三分之二以上的业主参与表决。决定前款第六项至第八项规定的事项，应当经参与表决专有部分面积四分之三以上的业主且参与表决人数四分之三以上的业主同意。决定前款其他事项，应当经参与表决专有部分面积过半数的业主且参与表决人数过半数的业主同意。"

第三，针对住宅保质提质难，需要妥当协调业主专有部分、共有部分权利行使的边界，为老旧小区治理难提供制度助力。

首先，针对业主专有部分"住改商"，《民法典》第279条规定："业主不得违反法律、法规以及管理规约，将住宅改变为经营性用房。业主将住宅改变为经营性用房的，除遵守法律、法规以及管理规约外，应当经有利害关系的业主一致同意。"

[①] 《全国人民代表大会常务委员会法制工作委员会关于2021年备案审查工作情况的报告》，载全国人大网，http://www.npc.gov.cn/c2/c30834/202301/t20230113_423339.html，最后访问日期：2024年5月23日。

其次，针对利用业主共有部分从事经营活动及其收入归属，《民法典》第278条第1款第8项规定，"改变共有部分的用途或者利用共有部分从事经营活动"由业主共同决定。根据该条第2款，此种共同决定属于特别决议事项。《民法典》第282条还规定："建设单位、物业服务企业或者其他管理人等利用业主的共有部分产生的收入，在扣除合理成本之后，属于业主共有。"《物业管理条例》第54条与《民法典》第282条存在不一致。《物业管理条例》第54条规定："利用物业共用部位、共用设施设备进行经营的，应当在征得相关业主、业主大会、物业服务企业的同意后，按照规定办理有关手续。业主所得收益应当主要用于补充专项维修资金，也可以按照业主大会的决定使用。"根据《立法法》第108条第2项，全国人民代表大会常务委员会有权撤销同宪法和法律相抵触的行政法规，有权撤销同宪法、法律和行政法规相抵触的地方性法规。因此，建议全国人民代表大会常务委员会对《物业管理条例》第54条进行合法性审查。只有业主大会有权共同决定能否利用建筑物的共有部分产生收入。利用建筑物共有部分所取得公共收益属于业主共有，也应当由业主大会共同决定如何使用或者分配。立法不宜"一刀切"，强求相关公共收益均用于补充专项维修资金、"主要用于补充专项维修资金"或者"优先用于补充专项维修资金"。不少地方性法规中也存在不注意《民法典》第282条，只照搬《物业管理条例》第54条的情况，存在地方性法规对业主建筑物共有部分的用途管制违反《民法典》第282条的现象。例如，2020年《北京市物业管理条例》第74条规定："物业服务人利用共用部分从事经营活动的，应当将公共收益单独列账。公共收益归全体业主所有。专项维修资金余额不足首期应筹集金额百分之三十的，百分之五十以上的公共收益金额应当优先用于补充专项维修资金，剩余部分的使用由业主共同决定。"《北京市物业管理条例》第74条第2款规定特定情形下公共收益金额"应当优先用于补充专项维修资金"，与《民法典》第282条后段不一致，公共收益在扣除合理成本之后属于业主共有，至于如何使用，仍属于业主自治的范畴，立法不宜作出强制。

最后，在老旧小区改造、住宅品质改善过程中，加装电梯是对住宅适老化改造、提高宜居水平的便民利民民生工程，避免业主成为"悬空老人"从而"上下为难"。多层住宅加装电梯，如何决策？根据《民法典》第278条第1款第7项，"改建、重建建筑物及其附属设施"由业主共同决定。根据该条第2款，此种共同决定属于特别决议事项。老旧小区住宅加装电梯属于"改建、重建建筑物及其附属设施"①，应遵循民主多数决议的决策机制，不得采取一票否决制。老旧小区住宅加装电梯应注意利益再平衡，在电梯安装设计方案、费用分摊、使用、运行、管理、维护、保养、维修、收益、补偿等环节充分照顾协调各楼层业主利益和顾虑，合理分担成本、合理分享利益，公平合理、利益平衡，而不宜简单搞"一刀切"、平均主义，要通过民主协商形成一揽子方案，充分听取和尊重全体业主的意见，寻求全体业主意愿和利益的最大公约数，通过多元化纠纷解决机制化解业主矛盾，实现法、理、情统一。老旧小区住宅加装电梯应当尽量避免对相邻的不动产权利人造成损害，优化设计方案，减少加装电梯对相关业主的不利影响。

2021年1月，成都市中级人民法院审理一起"加装电梯受阻案"，居住在4层、5层和6层的住户一起提起诉讼，将1楼住户告上法庭，法院判决1楼住户须停止对电梯安装施工的阻挠和妨碍。②

2021年12月8日上午，就"老旧小区加装电梯，一楼索要百万赔偿"一案，笔者接受北京广播电视台《法治进行时》栏目记者采访，12月21日播出

---

① 《最高人民法院 住房城乡建设部相关部门负责人就老旧小区既有住宅加装电梯典型案例答记者问》，载最高人民法院网，https://www.court.gov.cn/zixun/xiangqing/417022.html，最后访问日期：2024年5月30日。

② 《加装电梯一楼不同意，四五六楼将其告上法庭，法院判了！》，载光明网，https://m.gmw.cn/baijia/2021-06/24/1302375419.html，最后访问日期：2023年11月25日。

节目《全楼加装电梯，一楼住户索赔百万，导致工程停摆》。2022年5月14日北京广播电视台科教频道《民法典通解通读》栏目播出笔者参与录制的节目《以典判案——老旧小区装电梯 一楼业主不同意怎么办？》。

第四，针对公共维修资金使用难，《民法典》第278条第1款区分维修资金的使用和筹集，第2款将使用维修资金作为业主大会一般决议事项，将筹集维修资金作为业主大会特别决议事项。第281条明确维修资金的使用范围并进一步简化了紧急情况下的使用程序："建筑物及其附属设施的维修资金，属于业主共有。经业主共同决定，可以用于电梯、屋顶、外墙、无障碍设施等共有部分的维修、更新和改造。建筑物及其附属设施的维修资金的筹集、使用情况应当定期公布。紧急情况下需要维修建筑物及其附属设施的，业主大会或者业主委员会可以依法申请使用建筑物及其附属设施的维修资金。"

第五，针对业主知情权实现难，《民法典》物权编和合同编共同发力。《民法典》第285条第1款规定："物业服务企业或者其他管理人根据业主的委托，依照本法第三编有关物业服务合同的规定管理建筑区划内的建筑物及其附属设施，接受业主的监督，并及时答复业主对物业服务情况提出的询问。"第943条进一步规定了物业服务人的信息公开义务："物业服务人应当定期将服务的事项、负责人员、质量要求、收费项目、收费标准、履行情况，以及维修资金使用情况、业主共有部分的经营与收益情况等以合理方式向业主公开并向业主大会、业主委员会报告。"

第六，针对业主维权难，《民法典》第280条第2款规定了业主对业主大会、业主委员会决议的撤销诉权："业主大会或者业主委员会作出的决定侵害业主合法权益的，受侵害的业主可以请求人民法院予以撤销。"第286条第3款规定了业主的报告或者投诉权："业主或者其他行为人拒不履行相关义务的，有关当事人可以向有关行政主管部门报告或者投诉，有关行政主管部门应当依法处理。"第942条规定了物业服务人对违法行为的制止、报告并协助处理义务,这也是物业服务人安全保障义务的具体化:"物业服务人应当按照约定和物业的使用性质,妥善维修、养护、清洁、绿化和经营管理物业服务区域内的业主共有部分,维护物业服务区域内的基本秩序,采取合理措施保护业主的人身、财产安全。对物业服务区域内违反有关治安、环保、消防等法律法规的行为,物业服务人应当及时采取合理措施制止、向有关行政主管部门报告并协助处理。"

第七,针对业主委员会发挥作用难,一方面要确立由谁选举、对谁负责,对此,《民法典》第278条第1款第3项规定"选举业主委员会或者更换业主委员会成员"由业主共同决定;另一方面要明确业主委员会在签订物业服务合同时的代表权限,对此,《民法典》第939条规定:"建设单位依法与物业服务人订立的前期物业服务合同,以及业主委员会与业主大会依法选聘的物业服务人订立的物业服务合同,对业主具有法律约束力。"

例如,是否允许快递公司交纳场地租金在小区公共空间设置智能快递柜,属于全体业主共同决定的事项,业主委员会有权代表业主发出业主的声音。

如何看待"某快递柜宣布超时取件则收费"事件?对于消费者而言,由于网购时已经支付了快递费,如果再支付快递保管费,相当于二次支付快递费用,明显不合理,而且某快递柜一直都向快递员收取使用费,因此,其超时收费商业新计划遭到上海、杭州等地多个小区的强烈抵制,引发收费风波。2020年5月5日,杭州某小区业委会贴发通知称,因某快递柜向业主收取超时保管费,损害了业主的利益,某快递柜将在5月7日7时起暂停使用。2020年5月8日,上海某小区业委会贴发通知称,经过小区业主的前期调查与征询,该小区业委会作出暂停使用小区某快递柜的决定。随着国家邮政局的介入,所属公司迅速表示整改。5月15日晚间,所属公司发布声明称,用户免费保管时长由12小时延长至18小时，超时后每12小时收费0.5元，3元封顶；国务院规定的节假日不计费；写字楼周六日（休息日）不计费。同时快递员将快递存放电子柜时需经消费者同意。

第八，针对物业服务费用收缴难，《民法典》第944条规定："业主应当按照约定向物业服务人支付物业费。物业服务人已经按照约定和有关规定提供服务的，业主不得以未接受或者无需接受相关物业服务为由拒绝支付物业费。业主违反约定逾期不支付物业费的，物业服务人可以催告其在合理期限内支付；合理期限届满仍不支付的，物业服务人可以提起诉讼或者申请仲裁。物业服务人不得采取停止供电、供水、供热、供燃气等方式催交物业费。"给付物业费请求权对应的通常是连续产生的债权，而非分期履行的债权。《民法典》第189条规定，当事人约定同一债务分期履行的，诉讼时效期间自最后一期履行期限届满之日起计算。

第九，针对老物业退出难，要明确物业服务企业的选聘、解聘权归属，要明确物业服务合同正常终止时或者被解聘物业服务企业的移交义务、退出义务等后合同义务。一方面，《民法典》第278条第1款第4项规定的"选聘和解聘物业服务企业或者其他管理人"属于该条第2款业主大会一般决议事项。另一方面，《民法典》第949条规定了物业服务企业的退出、交还、交接、告知义务："物业服务合同终止的，原物业服务人应当在约定期限或者合理期限内退出物业服务区域，将物业服务用房、相关设施、物业服务所必需的相关资料等交还给业主委员会、决定自行管理的业主或者其指定的人，配合新物业服务人做好交接工作，并如实告知物业的使用和管理状况。原物业服务人违反前款规定的，不得请求业主支付物业服务合同终止后的物业费；造成业主损失的，应当赔偿损失。"第950条规定了新老物业交接期间，老物业的继续处理物业服务事项的后合同义务："物业服务合同终止后，在业主或者业主大会选聘的新物业服务人或者决定自行管理的业主接管之前，原物业服务人应当继续处理物业服务事项，并可以请求业主支付该期间的物业费。"

例如，在一起"前物业公司被业主大会辞退后拒绝交接案"中，北京市朝阳区某酒店式公寓的前物业公司被业主大会辞退后，占据部分公共区域拒绝交接。为此，业主委员会将前物业公司诉至法院。2020年5月18日，北京市朝阳区人民法院对此案作出一审判决，要求前物业公司向业主委员会移交被其占用的公共区域。据悉，此案为北京市首例援引2020年5月1日施行的《北京市物业管理条例》作出判决的案件，在该案件审理中，《北京市物业管理条例》第26条、第76条第1款[①]发挥了裁判规范功能。

第十，针对高空抛物治理难，结合小区治理过程中公权力的缺位现象，《民法典》也综合施策，推动多方共治。《民法典》第285条第2款规定了物业服务企业对应急处置措施的配合义务："物业服务企业或者其他管理人应当执行政府依法实施的应急处置措施和其他管理措施，积极配合开展相关工作。"第286条第1款规定了业主对应急处置措施的配合义务："业主应当遵守法律、法规以及管理规约，相关行为应当符合节约资源、保护生态环境的要求。对于物业服务企业或者其他管理人执行政府依法实施的应急处置措施和其他管理措施，业主应当依法予以配合。"第1254条第2款规定了物业服务企业在防范高空抛掷物品、坠落物品时的安全保障义务："物业服务企业等建筑物管理人应当采取必要的安全保障措施防止前款规定情形的发生；未采取必要的安全保障措施的，应当依法承担未履行安全保障义务的侵权责任。"

---

① 《北京市物业管理条例》第76条第1款规定："业主共同决定解聘物业服务人的，物业服务人应当自接到通知之日起三十日内履行下列交接义务，并且退出物业管理区域：（一）移交物业共用部分；（二）移交本条例第二十一条、第七十一条规定的档案和资料；（三）结清预收、代收的有关费用；（四）物业服务合同约定的其他事项。"

出卖人与买受人

买卖合同是日常生活中最重要、最常见的典型合同，出卖人与买受人是买卖合同的当事人。

出卖人在买卖合同中负有对标的物的瑕疵担保义务。《民法典》第612条规定了买卖合同中出卖人的权利瑕疵担保义务，第615条规定了买卖合同中出卖人标的物的瑕疵担保义务。司法实践中有一类"'凶宅'买卖纠纷"案件，"凶宅"是指曾发生过凶杀、自杀等人为因素致人非正常死亡案件的住宅。根据狭义的法律解释方法，出卖人之物的瑕疵担保义务和权利瑕疵担保义务在"凶宅"买卖中较难适用，"凶宅"本身并非物的瑕疵。

"凶宅"信息会对房屋交易意愿、交易价格产生重大影响，若否定出卖人对"凶宅"这一重大信息的如实告知义务，根据社会一般观念和风俗习惯，会造成出卖人和买受人之间的利益失衡，结合利益衡量方法和目的解释方法，可以将出卖人对"凶宅"信息的如实告知义务解释为《民法典》第509条第2款规定的"当事人应当遵循诚信原则，根据合同的性质、目的和交易习惯履行通知、协助、保密等义务"。基于诚信原则，"凶宅"买卖中的出卖人应当将"凶宅"信息告知买受人，避免买受人在信息不对称的基础上进行交易。

二手房交易过程中，卖方隐瞒"凶宅"信息的，构成欺诈；房产中介隐瞒"凶宅"信息的，构成第三人欺诈。如果出卖人违反"凶宅"信息告知义务，买受人有权根据《民法典》第148条请求撤销买卖合同。[①]《民法典》第509条第2款、第148条为"凶宅"买卖纠纷中买受人之请求权的基础规范，第152条和第157条为请求权辅助规范。基于违反物的瑕疵担保义务的违约责任无法对"凶宅"买卖中的买受人提供有效救济，买受人可以出卖人欺诈为由主张撤销买卖合同。

若出卖人本身确不知"凶宅"信息，其行为未导致买受人违背真实意思，则买受人可以自己构成重大误解为由，根据《民法典》第147条主张撤销合同。

总体上，《民法典》通过可撤销合同制度纾解"凶宅"买卖中买受人的懊恼与愁苦。二手房买卖中，买受人买到的房屋电梯噪声过大，法律又该如何助力买受人依法维权？

2022年10月27日，笔者与某中级人民法院一位法官讨论一起"电梯噪声房屋买卖合同纠纷"，买受人购买的房屋电梯噪声超标、不符合民用建筑隔声设计相关标准要求，影响其生活居住，买受人请求出卖人退还部分购房款并赔偿租金损失。

《民法典》第582条规定："履行不符合约定的，应当按照当事人的约定承担违约责任。对违约责任没有约定或者约定不明确，依据本法第五百一十条的规定仍不能确定的，受损害方根据标的的性质以及损失的大小，可以合理选择请求对方承担修理、重作、更换、退货、减少价款或者报酬等违约责任。"出卖人未如实告知房屋噪声情况，应当根据第582条承担减少价款违约责任。《民法典》第583条规定："当事人一方不履行合同义务或者履行合同义务不符合约定的，在履行义务或者采取补救措施后，对方还有其他损失的，应当赔偿损失。"买受人购买的房屋电梯噪声超标，影响其生活居住，

[①] 王雷：《房地产法学》，中国人民大学出版社2021年版，第140-142页。

致使自己不得不外出租房，买受人有权根据第583条请求出卖人赔偿租金损失。

自2022年6月5日起施行的《噪声污染防治法》明确要求新建居民住房的房地产开发经营者在销售场所公示住房可能受到噪声影响的情况以及采取或者拟采取的防治措施，将噪声影响写入房屋买卖合同。《噪声污染防治法》第67条规定："新建居民住房的房地产开发经营者应当在销售场所公示住房可能受到噪声影响的情况以及采取或者拟采取的防治措施，并纳入买卖合同。新建居民住房的房地产开发经营者应当在买卖合同中明确住房的共用设施设备位置和建筑隔声情况。"第83条规定："违反本法规定，有下列行为之一，由县级以上地方人民政府房产管理部门责令改正，处一万元以上五万元以下的罚款；拒不改正的，责令暂停销售：（一）新建居民住房的房地产开发经营者未在销售场所公示住房可能受到噪声影响的情况以及采取或者拟采取的防治措施，或者未纳入买卖合同的；（二）新建居民住房的房地产开发经营者未在买卖合同中明确住房的共用设施设备位置或者建筑隔声情况的。"

出租人与承租人

合同用语的通常含义应该结合社会一般观念进行理解，例如：

在一起"出租人允许承租人携带宠物入住纠纷案"中，某房屋租赁合同中允许承租人携带宠物入住，那么，承租人能否携带大量社会上遗弃的猫狗等动物入住？允许承租人携带宠物入住，"基于常人理解，应指允许住户携带宠物，而老太太（笔者注：承租人）作为中国小动物保护协会成员，其携带的猫狗系社会上遗弃的猫狗等动物……从本案当事人提交的证据以及法官现场勘验情况看，别墅里的猫狗数量同日常生活经验中的'携带宠物入住'大相径庭。据此，法官作出老太太违约的裁判"[1]。

租赁合同存续期间，承租人请求提前退租的，如何处理？《民法典》第580条规定继续履行不能的情形仅适用于非金钱债务。《最高人民法院关于适用〈中华人民共和国民法典〉合同编通则若干问题的解释》第61条规定持续性定期合同中可得利益的赔偿方法："在以持续履行的债务为内容的定期合同中，一方不履行支付价款、租金等金钱债务，对方请求解除合同，人民法院经审理认为合同应当依法解除的，可以根据当事人的主张，参考合同主体、交易类型、市场价格变化、剩余履行期限等因素确定非违约方寻找替代交易的合理期限，并按照该期限对应的价款、租金等扣除非违约

---

[1] 沐曦：《海淀法院审结八旬老太租别墅饲养大量猫狗案》，载中国法院网，http://www.chinacourt.org/article/detail/2014/04/id/1270585.shtml，最后访问日期：2023年4月16日。

方应当支付的相应履约成本确定合同履行后可以获得的利益。非违约方主张按照合同解除后剩余履行期限相应的价款、租金等扣除履约成本确定合同履行后可以获得的利益的，人民法院不予支持。但是，剩余履行期限少于寻找替代交易的合理期限的除外。"2019年《全国法院民商事审判工作会议纪要》（"九民纪要"）第48条规定违约方起诉解除制度："违约方不享有单方解除合同的权利。但是，在一些长期性合同如房屋租赁合同履行过程中，双方形成合同僵局，一概不允许违约方通过起诉的方式解除合同，有时对双方都不利。在此前提下，符合下列条件，违约方起诉请求解除合同的，人民法院依法予以支持：（1）违约方不存在恶意违约的情形；（2）违约方继续履行合同，对其显失公平；（3）守约方拒绝解除合同，违反诚实信用原则。人民法院判决解除合同的，违约方本应当承担的违约责任不能因解除合同而减少或者免除。"京高法发〔2013〕462号《北京市高级人民法院关于审理房屋租赁合同纠纷案件若干疑难问题的解答》指出："24.承租人在合同租赁期限内单方搬离租赁房屋，并主张解除合同，而出租人坚持要求继续履行合同的，如何处理？承租人在租赁合同履行期限内拒绝接收房屋，或者单方搬离租赁房屋并通知出租人收回房屋的行为，属于以自己的行为表明其不再履行租赁合同，其拒绝接收或搬离房屋的行为不符合合同法规定的解除条件，不具有单方解除合同的效力，出租人有权据此解除合同，但合同另有约定的除外。经法院释明出租人坚持不解除的，考虑到承租人不愿继续履行租赁合同，该义务性质又不宜强制履行，租赁合同目的已无法实现，法院可以直接判决解除租赁合同，并根据案件具体情况以出租人收回房屋、当事人起诉或判决生效之日等时间合理确定合同解除的具体时间。承租人拒绝履行租赁合同给出租人造成损失的，应当承担赔偿损失的违约责任，出租人作为守约方也负有减少损失扩大的义务，具体损失数额由法院根据合同的剩余租期、租赁房屋是否易于再行租赁、出租人另行出租的差价,承租人的过错程度等因素予以酌定,一般以合同约定的三至六个月的租金为宜。出租人因自身事由主张解除租赁合同收回房屋的,不符合合同法规定的法定解除条件,承租人要求继续履行合同的,应予支持,但合同另有约定的除外。"

规范发展长租房市场需要法治保障。"某壳公寓租房事件"是互联网租赁领域的新型现象,其中的法律问题值得关注。

某壳公寓成立于2015年,是提供租住生活的资产管理和居住服务平台。某壳公寓也属于长租公寓,其向房东租房,然后进行统一的装修以及后期的运营,之后再租给租客。2020年11月,某壳公寓接连传出租客被断水断电、拖欠供应商账款和房东租金的消息。某壳公寓等长租公寓大量使用某银行的"租金贷"金融产品。在"租金贷"模式下,租客与某壳公寓等长租公寓签订房屋租赁合同,一次性预付一年等期限的房租及押金,某壳公寓等长租公寓再向房东月付租金。但是,某壳公寓等长租公寓在深陷流动性危机后,无法向房东交付租金,房东即要求租客搬离。某银行将租房客的贷款给了某壳公寓,某壳公寓没有把贷款支付给房东。

对某壳公寓租房事件中的法律问题,分析如下:

第一,作为次承租人的租户可以通过向出租人(房东)支付承租人(某壳公寓)欠付的租金和违约金来对抗出租人(房东)的合同解除权,并就该支付的费用向承租人追偿或折抵未支付的租金。《民法典》第719条规定:"承租人拖欠租金的,次承租人可以代承租人支付其欠付的租金和违约金,但是转租合同对出租人不具有法律约束力的除外。次承租人代为支付的租金和违约金,可以充抵次承租人应当向承租人支付的租金;超出其应付的租金数额的,可以向承租人追偿。"

第二,在经出租人同意后的承租人转租关系中,出租人(房东)不能因为承租人(某壳公寓)的违约而要求解除转租合同或者要求租客退房。《民法典》第716条规定："承租人经出租人同意，可以将租赁物转租给第三人。承租人转租的，承租人与出租人之间的租赁合同继续有效；第三人造成租赁物损失的，承租人应当赔偿损失。承租人未经出租人同意转租的，出租人可以解除合同。"

第三，某壳公寓互联网＋租赁的经营模式背后，隐藏着脱离监管的"资金池"，是打着"共享经济"旗号的互联网金融。"租金贷"模式是使用贷款支付房租，某壳的合作金融机构是某银行，租客办理贷款一次性预付一年房租及押金，这笔一年的房租由某银行支付给某壳公寓（某壳公寓可以利用这笔资金扩大规模），然后租户再每月偿还某银行的贷款，而某壳公寓向房东月（季）付租金。一来一回之下，一个无形的资金池就形成了。这个未经严格监管的资金池既成了长租公寓未来大规模扩张的资本，也带来严重的金融风险。这种模式主要是为了解决租客无法一次性缴纳一大笔租金的难题。"租金贷"的风险在于长租公寓对贷款资金的占用，即租客年付、房东季收，剩余的预付租金款被长租公寓占用，从而将长租公寓的经营风险传导给租客和房东，一旦租客与房东产生纠纷，租客对"租金贷"产品的还款意愿会受到影响，从而把放贷金融机构也卷入其中。要解决这个问题，必须严禁长租公寓将租金款挪作他用。[①] 笔者认为，金融机构本质上是资金中介，但长租公寓作为中介方，承担信用中介的金融活动，却游离于常规金融体系以外，扮演了影子银行的角色。影子银行是指常规银行体系以外的各种金融中介，通常以非银行金融机构为载体，对金融资产的信用、流动性和期限等风险因素进行转换，扮演着"类银行"的角色。影子银行游离于监管之外，风险隐蔽。由于缺乏必要的监管，影子银行很容易成为系统性风险的重大隐患。互联网金融平台本应只承担信息中介和支付中介功能，但其事实上从事贷款等

[①] 《某壳公寓爆雷　租金贷市场走向何方》，载《经济观察报》2020年11月22日，http://www.eeo.com.cn/2020/1120/436429.shtml，最后访问日期：2024年8月6日。

资金信用活动，并长期处于监管真空地带，形成了"全民办金融"的小环境。[①]2021年2月2日，北京市住建委等部门联合印发《关于规范本市住房租赁企业经营活动的通知》，首次明确禁止"长收短付"，严控"租金贷"拨付对象，承租人申请的"租金贷"资金不得拨付给住房租赁企业，只能拨付给个人。

第四，租客可以通过债权转让的方式将自己对长租公寓所享有的债权转让给金融机构，以实现抵偿结算。2020年12月4日，某银行再次针对某壳公寓的"租金贷"客户发布公告，称已经研究制定出合法合规的方案，可以实现即使某壳公寓的"租金贷"客户不继续还贷，仍能结清贷款。某壳公寓的"租金贷"客户在退租后，与某银行签署协议，将退租后某壳公寓所欠租客的预付租金，用于抵偿租客在某银行的贷款，此后，银行结清该笔贷款。某银行称：上述方案落地之前，将执行不催收、不扣款、不计息、不影响信用记录的措施。某银行公告将给予某壳公寓租客的剩余贷款本金免息延期至2023年12月31日。

规范发展长租房市场离不开法治保障。2021年4月15日，《住房和城乡建设部等部门关于加强轻资产住房租赁企业监管的意见》（建房规〔2021〕2号）指出："近年来，我国住房租赁市场快速发展，市场运行总体平稳，租金水平稳中有降，为解决居民住房问题发挥了重要作用。同时，部分从事转租经营的轻资产住房租赁企业（以下简称住房租赁企业），利用租金支付期限错配建立资金池，控制房源、哄抬租金，有的甚至利用承租人信用套取信贷资金，变相开展金融业务。近期，少数住房租赁企业资金链断裂，严重影响住房租赁当事人合法权益。为贯彻落实党中央、国务院决策部署，加强住房租赁企业监管，引导住房租赁企业回归住房租赁服务本源，防范化

[①] 中国银保监会政策研究局、统计信息与风险监测部课题组：《中国影子银行报告》，载《金融监管研究》2020年第9期，第9页。

解金融风险，促进住房租赁市场健康发展，经国务院同意，现提出以下意见。"具体包括七个方面：（1）加强从业管理；（2）规范住房租赁经营行为；（3）开展住房租赁资金监管；（4）禁止套取使用住房租赁消费贷款；（5）合理调控住房租金水平；（6）妥善化解住房租赁矛盾纠纷；（7）落实城市政府主体责任。

该意见是为了加强住房租赁企业监管，引导住房租赁企业回归住房租赁服务本源，防范化解金融风险，促进住房租赁市场健康发展，有效监管"高进低出""长收短付"等高风险经营行为的住房租赁企业。

首先，在规范住房租赁经营行为方面，该意见要求："住房租赁企业单次收取租金的周期原则上不超过3个月；除市场变动导致的正常经营行为外，支付房屋权利人的租金原则上不高于收取承租人的租金。"

其次，在开展住房租赁资金监管方面，该意见要求："住房租赁企业单次收取租金超过3个月的，或单次收取押金超过1个月的，应当将收取的租金、押金纳入监管账户，并通过监管账户向房屋权利人支付租金、向承租人退还押金。"

再次，该意见还禁止住房租赁企业套取使用住房租赁消费贷款，禁止住房租赁企业变相开展金融业务，要求"不得将住房租赁消费贷款相关内容嵌入住房租赁合同，不得利用承租人信用套取住房租赁消费贷款，不得以租金分期、租金优惠等名义诱导承租人使用住房租赁消费贷款……金融机构发放住房租赁消费贷款，应当以备案的住房租赁合同为依据，贷款额度不得高于住房租赁合同金额，贷款期限不得超过住房租赁合同期限，发放贷款的频率应与借款人支付租金的频率匹配，贷款资金只能划入借款人账户，同时强化贷款资金用途管理，避免资金挪用风险……住房和城乡建设部门要与金融机构共享有'高进低出'、'长收短付'等高风险经营行为的住房租赁企业名单，金融机构要对企业进行风险评估，加强名单式管理，对列入上述名单的企业不得发放贷款"。

最后,在落实城市政府主体责任方面,该意见要求:"住房和城乡建设部门要加快完善住房租赁合同示范文本,建立健全住房租赁管理服务平台,通过平台实施穿透式监管,会同金融监管部门对住房租赁企业变相从事金融业务等违法违规行为加大查处力度。"[1]

2021年7月13日《住房和城乡建设部等8部门关于持续整治规范房地产市场秩序的通知》(建房〔2021〕55号)要求重点整治房地产开发、房屋买卖、住房租赁、物业服务等领域人民群众反映强烈、社会关注度高的突出问题,其中包括:违规开展住房租赁消费贷款业务;存在"高进低出""长收短付"等高风险经营行为;未按规定办理租金监管。

---

[1] 此外,从事转租经营的轻资产住房租赁企业变相开展金融业务的,应当依法查处。

董事、监事、高级管理人员等商事主体的更高注意义务

商事主体法律制度体现出两头强化的特点。立法对商事主体平等原则进行两头强化,体现出对商事主体更高注意义务的要求,也体现出对中小微企业、个体工商户的倾斜保护。《民法典》第172条和第504条对表见代理和表见代表中的举证责任做不同安排,第62条第2款和第1191条第1款对代表关系和用工关系中追偿权的归责原则不同,这些都体现了法律对商事主体更高注意义务的要求。

法律经济学的基本原理要求"能力越大,避免损害他人的注意义务就越高"。《民法典》区分普通劳动者的注意义务和法定代表人的注意义务,第62条和第1191条分别规定了用人单位对法定代表人和对普通劳动者行使追偿权的条件,契合"能力越大,责任越大"的生活常理。例如,越权职务代理中追偿权的归责原则是工作人员的故意或者重大过失。越权代表中追偿权的归责原则是法定代表人、负责人有过错。

"作为民商法之间特别突出的差异,需要强调以下几点。首先,对商人实施法律行为的本领的高要求,以及商法的严格性……商人被推定不会草率行事,并且有能力充分保护其自身利益。也是从这一立场出发,商人在履行义务时还被要求更高的注意义务。在私人那里可免责的小疏忽,到了商人那里就可能是重大过失。"[①] "商事法律行为规则必然对商事主体,尤其是商

---

① [德]菲利普·黑克:《为何存在一门与民法分离的商事私法?》,吴训祥译,载朱晓喆主编:《中外法商评论》第一卷,上海财经大学出版社2021年版,第283页。

人，提出更高的要求，对其适用更高的行为标准，设置更为严格的义务和责任。"[1]对比《民法典》第62条第2款和第1191条第1款，会发现法律对法定代表人和普通工作人员注意义务的差别。《最高人民法院关于适用〈中华人民共和国企业破产法〉若干问题的规定（二）》第18条则对债务人的法定代表人和其他直接责任人员过于优待，该条规定："管理人代表债务人依据企业破产法第一百二十八条的规定，以债务人的法定代表人和其他直接责任人员对所涉债务人财产的相关行为存在故意或者重大过失，造成债务人财产损失为由提起诉讼，主张上述责任人员承担相应赔偿责任的，人民法院应予支持。"

商事主体免责事由的法定性体现出对商事主体更高注意义务的要求。例如，有限责任公司对外负债后未经依法清算即进行注销，该公司股东以其仅是名义持股人，对清算、注销事宜毫不知情为由主张自身应当免责的，法院不予支持，该名义股东仍应当对公司债务承担清偿责任。《最高人民法院关于适用〈中华人民共和国公司法〉若干问题的规定（二）》（以下简称《公司法司法解释二》）第20条的规定，可以理解为增加了公司债权人追究股东或实际控制人责任的途径选择，而并不能推断出在符合第19条规定的情况下，当然解除其他股东或名义股东责任的意思。此种裁判态度也符合《民法典》第65条和《公司法》第34条第2款的规定。当然，名义股东可以类推适用《民法典》第926条第2款，向公司债权人提供充分证据（或实际出资人认可）披露实际出资人，此时公司债权人享有选择权，其可以选择实际出资人承担责任，也可选择名义股东承担责任，且该选择权一旦行使就不能变更。

根据《公司法》第84条，在股权对外转让中，其他股东行使优先购买权之时，先前股权转让协议的受让人可以要求转让人承担违约责任，但此时应

---

[1] 施天涛：《商事法律行为初论》，载《法律科学》2021年第1期，第103页。

要求其承担全部违约责任还是相应的违约责任？这涉及违约责任承担过程中过失相抵的问题。其他股东行使优先购买权的，《全国法院民商事审判工作会议纪要》第9条明确不影响股东以外的股权受让人请求转让股东承担相应的违约责任。"相应的"意味着受让人应当尽更高的注意义务，受让人从有限责任公司的某个股东手中受让股权，其他的股东有可能基于公司的人合性行使优先购买权，受让人应当对股权交易的对象承担更高的审查注意义务。因此，在商事交易的过程中，合同交易其实给交易各方提出了更高的注意义务，这不是法定注意义务的分配，而是允许商事主体事先在交易合同里进行风险的转嫁。商事交易的特殊性之一就在于交易当事人负有更高的注意义务。

当然，对商事主体更高注意义务的规定也并非毫无边界，也要注意利益平衡。例如，董事损害公司利益责任，实质系一种商事侵权责任，当事人首先应证明董事存在侵害公司利益的主观过错，其次应审查行为人是否存在《公司法》第188条规定的违反法律、行政法规或公司章程的规定，给公司造成损失的情形。《公司法》第188条规定："董事、监事、高级管理人员执行职务违反法律、行政法规或者公司章程的规定，给公司造成损失的，应当承担赔偿责任。"对于董事违反信义义务责任的认定及免除，可参考适用商业判断原则，考察董事行为是否在获得足够信息基础上作出的合理商业判断，是否基于公司最佳利益，及所涉交易的利害关系及独立性等因素。[①]

董事、监事、高级管理人员违反信义义务给公司造成损失的，须对公司承担赔偿责任，这对应过错责任归责原则，不以法律明确规定相应侵权行为

[①] 参见上海市第二中级人民法院（2019）沪02民终11661号。何云、及小同：《董事损害公司利益之过错认定》，载《人民司法（案例）》2022年第5期，第59页。

及民事责任为必要,这体现了董事、监事、高级管理人员要对公司负担更高注意义务。

证券市场虚假陈述引发的民事赔偿案件中,董事、监事、高级管理人员与上市公司对投资者承担连带责任,这属于对外承担的法定民事责任,是董事、监事、高级管理人员负担更高法定注意义务的体现,这也是对公司独立责任的法定穿透/突破,避免"穷寺庙富方丈"。《证券法》第85条规定:"信息披露义务人未按照规定披露信息,或者公告的证券发行文件、定期报告、临时报告及其他信息披露资料存在虚假记载、误导性陈述或者重大遗漏,致使投资者在证券交易中遭受损失的,信息披露义务人应当承担赔偿责任;发行人的控股股东、实际控制人、董事、监事、高级管理人员和其他直接责任人员以及保荐人、承销的证券公司及其直接责任人员,应当与发行人承担连带赔偿责任,但是能够证明自己没有过错的除外。"康某药业资本市场特别代表人诉讼案("证券纠纷特别代表人第一案""康某药业证券虚假陈述责任纠纷案")启发我们注意独立董事权利义务和责任的边界。[①]对上市公司独立董事制度及康某药业案中独立董事承担5%或者10%连带赔偿责任,应全面、客观地看待,须进一步明晰独立董事权责边界,加强履职保障、完善责任机制,支持和督促独立董事切实履行诚信勤勉义务。独立董事侵权责任的基础是《民法典》第1172条规定的分别实施侵权行为应承担按份责任,特别法的依据是《证券法》第85条、《最高人民法院关于审理证券市场因虚假陈述引发的民事赔偿案件的若干规定》第7条和《最高人民法院关于证券纠纷代表人诉讼若干问题的规定》。

《公司法》第191条规定:"董事、高级管理人员执行职务,给他人造成

---

① "康某药业股份有限公司证券虚假陈述责任纠纷案",广州市中级人民法院(2020)粤01民初2171号。

损害的，公司应当承担赔偿责任；董事、高级管理人员存在故意或者重大过失的，也应当承担赔偿责任。"董事、高级管理人员与公司对外民事责任的立法动向值得关注，与《公司法》《证券法》中董事、高级管理人员既有民事责任制度在归责原则等问题上的体系融合值得研究。

平台企业的更高注意义务

要实施包容审慎监管，促进数字经济、平台经济健康发展。平台经济背景下，平台企业应该尽到更高的注意义务，还要防止数据企业的数据垄断。《民法典》第1197条"红旗规则"优先于第1195条和第1196条的通知删除规则（"避风港规则"）而适用。2019年8月19日，笔者发现某音频分享平台（喜某网站平台）鱼某主播未经本人许可，于2018年3月26日自行上传笔者两天（2018年3月24日至25日）共8份讲课录音，笔者立即与喜某网站平台客服联系投诉，在未得到满意答复后，再向中央网信办（国家互联网信息办公室）违法和不良信息举报中心举报。第一，喜某网站平台违反《侵权责任法》第36条第3款（《民法典》第1197条），作为网络服务提供者知道或者应当知道网络用户/主播利用其网络服务上传他人录音作品、侵害他人著作权，未采取必要措施，应该与该网络用户承担连带责任。第二，在接到被侵权人举报电话时，喜某网站平台客服恶意增加被侵权人的举证负担，要求被侵权人去公安部门开具身份证明和对被投诉音频资料享有著作权的公安部门证明，否则无法提供协助。第三，喜某网站平台违反《最高人民法院关于审理利用信息网络侵害人身权益民事纠纷案件适用法律若干问题的规定》第9条所规定的网络服务提供者的注意义务，对明显侵权的音频资料提供上传服务，对用户上传信息未做必要管理，侵害他人合法权益。《互联网信息服务管理办法》第15条规定："互联网信息服务提供者不得制作、复制、发布、传播含有下列内容的信息：……（八）侮辱或者诽谤他人，侵害他人合法权益的；……"第16条规定："互联网信息服务提供者发现其网站传输的信息明显属于本办法第十五条所列内容之一的，应当立即停止传输，保存有关记录，并向国家有关机关报告。"第23条规定："违反本办法第十六条规定的义务的，由省、自治区、直辖市电信管理机构责令改正；情节严重的，对经营性互联网信息服务提供者，并由发证机关吊销经营许可证，对非经营性互联网信息服务提供者，并由备案机关责令关闭网站。"第四，喜某网站平台拒绝向被侵权人提供侵权人真实身份信息，推诿称其不知侵权人真实身份，认为这是侵权人的"隐私"，只能由被侵权人去公安部要求开具搜查令方可协助。喜某网站平台违反《最高人民法院关于审理利用信息网络侵害人身权益民事纠纷案件适用法律若干问题的规定》第3条第1款规定的"提供能够确定涉嫌侵权的网络用户的姓名（名称）、联系方式、网络地址等信息"的义务。此后，喜某网站平台未能配合被侵权人维护其合法权益。2024年5月19日，笔者再登录该网站平台，已查找不到侵权人用户信息及相应音频。

数字经济背景下，提供重要互联网平台服务、用户数量巨大、业务类型复杂的个人信息处理者是保护个人信息的关键环节，《个人信息保护法》第58条规定大型网络平台更多特别义务（把关职责）——个人信息保护守门人义务，规定数字看门人/守门人制度。《个人信息保护法》第58条规定："提供重要互联网平台服务、用户数量巨大、业务类型复杂的个人信息处理者，应当履行下列义务：（一）按照国家规定建立健全个人信息保护合规制度体系，成立主要由外部成员组成的独立机构对个人信息保护情况进行监督；（二）遵循公开、公平、公正的原则，制定平台规则，明确平台内产品或者服务提供者处理个人信息的规范和保护个人信息的义务；（三）对严重违反法律、行政法规处理个人信息的平台内的产品或者服务提供者，停止提供服务；

（四）定期发布个人信息保护社会责任报告，接受社会监督。"规定网络平台的守门人义务的并不限于《个人信息保护法》第58条。例如，《电子商务法》第38条规定："电子商务平台经营者知道或者应当知道平台内经营者销售的商品或者提供的服务不符合保障人身、财产安全的要求，或者有其他侵害消费者合法权益行为，未采取必要措施的，依法与该平台内经营者承担连带责任。对关系消费者生命健康的商品或者服务，电子商务平台经营者对平台内经营者的资质资格未尽到审核义务，或者对消费者未尽到安全保障义务，造成消费者损害的，依法承担相应的责任。"

"滴滴出行网络安全审查事件"是平台企业更高注意义务的典型体现。2021年7月2日，网络安全审查办公室宣布对"滴滴出行"实施网络安全审查，这是国家首次对企业启动网络安全审查。本次安全审查指出："为防范国家数据安全风险，维护国家安全，保障公共利益，依据《中华人民共和国国家安全法》《中华人民共和国网络安全法》，网络安全审查办公室按照《网络安全审查办法》，对'滴滴出行'实施网络安全审查。为配合网络安全审查工作，防范风险扩大，审查期间'滴滴出行'停止新用户注册。"国家互联网信息办公室2021年7月4日发布《关于下架"滴滴出行"App的通报》，指出："根据举报，经检测核实，'滴滴出行'App存在严重违法违规收集使用个人信息问题。国家互联网信息办公室依据《中华人民共和国网络安全法》相关规定，通知应用商店下架'滴滴出行'App，要求滴滴出行科技有限公司严格按照法律要求，参照国家有关标准，认真整改存在的问题，切实保障广大用户个人信息安全。"互联网企业对用户信息收集是克制的，应遵循最小化原则，而非一网打尽的最大化原则。国家不能够任由互联网巨头成为收集使用个人信息的规则制定者，不能让互联网巨头搭建掌握详细海量个人信息的超级数据库。在总体国家安全观视角下，数据安全是国家安全的有机组成部分，数据跨境流动更涉及数据安全和国家安全。"滴滴事件之前，我们很少从国家安全的角度去考虑个人信息保护以及数据安全问题。"[1]《网络安全法》第31条规定："国家对公共通信和信息服务、能源、交通、水利、金融、公共服务、电子政务等重要行业和领域，以及其他一旦遭到破坏、丧失功能或者数据泄露，可能严重危害国家安全、国计民生、公共利益的关键信息基础设施，在网络安全等级保护制度的基础上，实行重点保护。关键信息基础设施的具体范围和安全保护办法由国务院制定。国家鼓励关键信息基础设施以外的网络运营者自愿参与关键信息基础设施保护体系。"《网络安全审查办法》第2条第1款规定："关键信息基础设施运营者采购网络产品和服务，网络平台运营者开展数据处理活动，影响或可能影响国家安全的，应当按照本办法进行网络安全审查。"据报道，滴滴出行占有中国网络叫车至少80%的市场份额，是大型互联网公司中掌握个人出行信息最详细的。滴滴出行属于公路水路运输行业领域关键信息基础设施的运营者。滴滴出行科技有限公司存在严重影响国家安全的数据处理活动，给国家关键信息基础设施安全带来严重安全风险隐患。《关键信息基础设施安全保护条例》自2021年9月1日起施行。

最高人民检察院2018年12月25日举行新闻发布会通报检察公益诉讼十大典型案例，其中案例三是"北京市海淀区网络餐饮服务第三方平台食品安全公益诉讼案"，对于入网餐饮服务提供者违法经营、网络餐饮服务第三方平台管理制度不严格、行政机关对网络平台监管不到位等问题，检察机关可通过发挥公益诉讼检察职能作用，督促行政机关依法履行监管职责，净化网络餐饮环境。

---

[1] 高艳东：《国家安全是数据保护的王牌法则》，载民主与法制社微信公众号2021年7月7日，https://mp.weixin.qq.com/s?__biz=MzI3MjI2ODg2OQ==&mid=2247517904&idx=1&sn=9d5d8e15f64ec2a1946cfa9b43f258b1&chksm=eb37edfadc4064ecd69bd064bdc9e279c13f207fe23b2362e4696fd36b0147113e3713ecac31&scene=27，最后访问日期：2024年8月6日。

平台规则和平台商誉是平台经营的生命线。平台企业对平台内商家有更高的注意义务，平台与平台内商家约定违约金条款是平台履行自律管理权利进行平台治理的重要体现方式，与传统意义上的违约金制度存在一定区别。

在"某电商平台百万违约金条款案"中，京某商城抽检发现某商家出售假冒化妆品，将其商品下架、撤店，商家将京某商城平台运营商京某公司起诉至法院，后遭后者反诉，要求其支付违约金。经公开审理，法院依法判决商家赔偿京某公司违约金100万元。法院认为，商家与京某公司约定的"百万违约金"条款应为有效，该违约金条款和"售假处罚百万"规则，关涉平台、商家和消费者三方之间的关系，系平台履行自律管理权利进行平台治理的体现，与传统意义上的违约金制度存在一定区别。平台规则中的违约金条款，不应简单等同于传统意义上的违约金条款。平台在线服务协议中约定的违约金具有不同于普通合同约定的一般违约条款的特殊性，这种在平等的基础上确定带有惩罚性质的违约金，应该得到合理保护。本案系北京法院首例对商家网上售假判赔百万惩罚性违约金的案例。[1]

数字经济时代，平台企业负有更高的注意义务。经营者的名誉权依法受到法律保护，这是构建法治化营商环境的应有之义。[2]线上经济中，经营者对消费者的评价权也负有更高的容忍义务。《消费者权益保护法》第15条规定："消费者享有对商品和服务以及保护消费者权益工作进行监督的权利。消费者有权检举、控告侵害消费者权益的行为和国家机关及其工作人员在保护消费者权益工作中的违法失职行为，有权对保护消费者权益工作提出批

---

[1] 陈珊珊：《北京首例！售假商家被判赔京某商城百万违约金》，载京法网事微信公众号2020年7月24日，https://mp.weixin.qq.com/s/JhzwcCwzCStjXBlfgTKKIA，最后访问日期：2024年3月22日。

[2]《安徽某医疗科技公司诉安徽某健康科技公司名誉权纠纷案》，最高人民法院2023年1月12日发布人民法院贯彻实施民法典典型案例（第二批）之八。

评、建议。"

2021年1月4日，广州互联网法院收到了首件侵害人格权禁令申请（"某房地产公司向法院申请侵害人格权禁令案"）。申请人某房地产公司称：某自媒体用户李某系某房地产公司所开发楼盘的业主。2020年5月14日至8月20日，李某在其使用的自媒体账号上累计发布了11篇侵害某房地产公司名誉权的文章。2020年11月20日至12月3日，李某在前述侵权文章被平台删除的情况下，又相继发布了5篇侵权文章。某房地产公司认为，李某的上述行为对其名誉和商业信誉造成了极其恶劣的影响，给其造成了严重的经济损失。为此，某房地产公司向法院申请侵害人格权禁令：请求禁止李某在其使用的自媒体平台发布涉及某房地产公司文章的行为。诉讼过程中，该公司提供了名下银行账户存款10万元作为担保。广州互联网法院随后举行了听证，最终驳回申请人某房地产公司的申请。法院认为，李某的行为是否侵害某房地产公司名誉权，应当综合考虑双方的法律关系，行为的性质、目的、方式等因素进行判断。尽管双方对文章描述的有关事实是否属实存在争议，但上述言论仍属购房者对购房体验和感受的主观描述，出于维权目的而发布的可能性较大，不同于故意捏造事实、恶意诽谤，某房地产公司作为房地产开发商对此应当予以必要的容忍。结合本案情形，若本院作出禁令，可能会产生房地产开发商利用人格权侵害禁令阻止购房者发布相关言论的不良示范效应。故，作出禁令可能会有损社会公共利益。

随着平台经济等新业态的快速发展，一些大型平台经营者滥用数据、算法、技术、平台规则、资本等优势实施"二选一""大数据杀熟"等行为，进行无序扩张，导致妨碍公平竞争、抑制创业创新、扰乱经济秩序、损害消费者合法权益等问题日益突出，数字时代的反垄断立法势在必行。对此，《反垄断法》第9条规定："经营者不得利用数据和算法、技术、资本优势以及平台规则等从事本法禁止的垄断行为。"在平台企业反垄断领域，"某网因滥用市场支配地位行为被行政处罚案"成为典型案例。①

  国家市场监管总局2022年5月对某网在中国境内中文学术文献网络数据库服务市场滥用市场支配地位行为立案调查。2022年12月26日，国家市场监管总局对本案作出行政处罚决定。经查，某网在中国境内中文学术文献网络数据库服务市场具有支配地位。2014年以来，某网滥用该支配地位实施垄断行为。根据《反垄断法》第57条、第59条规定，综合考虑某网违法行为的性质、程度、持续时间和消除违法行为后果的情况等因素，2022年12月26日，国家市场监管总局依法作出行政处罚决定，责令某网停止违法行为，并处以其2021年中国境内销售额17.52亿元5%的罚款，计8760万元。同时，坚持依法规范和促进发展并重，监督某网全面落实整改措施、消除违法行为后果，要求某网围绕解除独家合作、减轻用户负担、加强内部合规管理等方面进行全面整改，促进行业规范健康创新发展。

---

  ① 《市场监管总局依法对某网滥用市场支配地位行为作出行政处罚并责令其全面整改》，载中央纪委国家监委网站，https://www.ccdi.gov.cn/yaowenn/202212/t20221226_238293.html，最后访问日期：2024年5月23日。

机关法人的行止边界

西塞罗曾经提出问题:"一个正义的政府的基础是什么?什么样的治理才是最好的?一个执政的领袖应该如何行事?"[①]这是历久弥新的话题。

小政府与大政府是政府治理的不同方案。"关于国家(或政府)的作用,学术界一直充满争议。自由主义学派或保守主义者坚持主张'小政府'或'守夜人政府',攻击'大政府',将政府视为社会问题的根源而不是解决方案。"[②]小政府或者说有限政府的治理模式并非坚如磐石、完美无缺。有限政府和有力政府始终是一对辩证关系,早已不乏对有限政府的必要反思。

我们在推进法治国家和法治政府建设过程中,没有照抄照搬有限政府的观念,追求的既不是大政府,也不是小政府,而是有为政府。有为政府需要出场时不能缺位,不需要出场时不能越位。《民法典》第97条规定:"有独立经费的机关和承担行政职能的法定机构从成立之日起,具有机关法人资格,可以从事为履行职能所需要的民事活动。"该条最后一句"可以从事为履行职能所需要的民事活动"精准界定了机关法人在资源配置中的角色地位,机关法人"超出履行职能所需要"的范围从事民事活动,就违反了"法无授权

---

① [古罗马]马库斯·图利乌斯·西塞罗、[美]菲利普·弗里曼:《如何治理国家》,陈越骅译,上海社会科学院出版社2016年版,导读第13页。

② [英]马丁·洛奇、[英]凯·韦格里奇:《现代国家解决问题的能力——治理挑战与行政能力(第一版)》,徐兰飞、王志慧译,中国发展出版社2019年版,译者序第1页。

不可为"，构成乱作为。"法无授权不可为"既调整机关法人行使公权力的行为，又调整机关法人所从事的民事活动。"法无授权不可为"中的"法"既包括行政法等公法法律部门，又包括民法商法等私法法律部门。

机关法人属于民事主体中的特别法人。机关法人从事民事活动时的行止边界具有特殊性，对机关法人，并非"法不禁止即自由"，而是"法无授权不可为""法定职责必须为"，使得机关法人既不越位，也不缺位，无论从事民事活动，还是行使公权力，皆然。

一、法无授权不可为

"法无授权不可为"有助于把"权力关进制度的笼子"。哪怕在君主专制社会，都存在对君主专制权力的微妙限制。

2011年7月19日大众网报道一起"某单位百年租房合同案"，基本案情如下：

某单位2002年从信用社贷款，用该单位房产作抵押。贷款到期未还，在法院执行抵押房产时才发现该单位在抵押前就已把部分房产分别出租给两家企业，两份租赁合同的租期都长达100年，租金的付款方式均是自合同签订生效时一次付清。两份百年租房合同签订时间分别是1994年5月和1993年10月。两份合同的租期分别是"从1993年5月22日起至2094年5月22日止"和"从1993年11月1日起至2093年11月1日止"，两份合同都盖有该单位的公章。①

2011年7月20日，该单位有关负责人与大众网取得联系，确认网友曝光

---

① 冯炜程：《某单位被曝最牛租房合同 收百年房租》，载大众网，http://sd.dzwww.com/sdnews/201107/t20110719_6481814.htm，最后访问日期：2023年12月30日。

的百年租房合同属实，相关房屋属于办公用房，并表示《经济合同法》没有明确规定租赁期限。1999年实施的《合同法》则有了"租赁期限不得超过二十年。超过二十年的，超过部分无效"等规定，1993年签订租赁合同到2013年期满20年，到期后该单位将按新《合同法》规定的房屋租赁期限修改并完善合同。①

"某单位百年租房合同案"中的房屋属于国有资产，出租方某单位属于机关法人。按照国有资产用途的不同，可以将国有资产分为资源性国有资产、经营性国有资产和行政事业性国有资产，不同类型国有资产的处理方式不同。行政事业性国有资产，是指不投入生产经营、不具有营利性、由国家行政机关或者国家举办的事业单位等用于行政公务活动或者社会公益事业的国有资产。通过对《民法典》第255条和第256条作体系解释可以得出结论，国家机关和国家举办的事业单位对其直接支配的不动产和动产的权能不尽一致，前者不享有收益的权利。《民法典》第255条规定："国家机关对其直接支配的不动产和动产，享有占有、使用以及依照法律和国务院的有关规定处分的权利。"第256条规定："国家举办的事业单位对其直接支配的不动产和动产，享有占有、使用以及依照法律和国务院的有关规定收益、处分的权利。"不考虑《民法典》的溯及力，在《民法典》背景下分析"某单位百年租房合同案"，某单位无权将办公用房对外出租获取租金收益。两份百年租房合同的问题不仅在于违反《民法典》第705条第1款关于租赁合同租期的法定限制规定，更根本的在于违反《民法典》第255条。法无授权不可为，法律没有授予机关法人对行政事业性国有资产的收益权能，两份百年租房合同不是因为违反《民法典》第705条第1款而部分无效，而是因为违反《民法典》第255条而根本无效，根本无效吸收部分无效。此外，机关法人的办公

---

① 冯炜程：《某县回应百年租房合同：按〈合同法〉修改完善》，载大众网，http://www.dzwww.com/shandong/sdnews/201107/t20110720_6483957.htm，最后访问日期：2023年12月30日。

用房属于公益设施，根据《民法典》第399条，该单位将办公用房用作抵押对应的抵押合同无效。

机关法人还存在担保风险。《民法典》第683条规定："机关法人不得为保证人，但是经国务院批准为使用外国政府或者国际经济组织贷款进行转贷的除外。以公益为目的的非营利法人、非法人组织不得为保证人。"除经国务院批准为使用外国政府或者国际经济组织贷款进行转贷的以外，地方政府及其所属部门不得为任何单位和个人的债务以任何方式提供担保，不得承诺为其他任何单位和个人的融资承担偿债责任，机关法人提供担保的，人民法院应当认定担保合同无效。

为规制地方政府违规举债担保，《预算法》第35条规定："地方各级预算按照量入为出、收支平衡的原则编制，除本法另有规定外，不列赤字。经国务院批准的省、自治区、直辖市的预算中必需的建设投资的部分资金，可以在国务院确定的限额内，通过发行地方政府债券举借债务的方式筹措。举借债务的规模，由国务院报全国人民代表大会或者全国人民代表大会常务委员会批准。省、自治区、直辖市依照国务院下达的限额举借的债务，列入本级预算调整方案，报本级人民代表大会常务委员会批准。举借的债务应当有偿还计划和稳定的偿还资金来源，只能用于公益性资本支出，不得用于经常性支出。除前款规定外，地方政府及其所属部门不得以任何方式举借债务。除法律另有规定外，地方政府及其所属部门不得为任何单位和个人的债务以任何方式提供担保。国务院建立地方政府债务风险评估和预警机制、应急处置机制以及责任追究制度。国务院财政部门对地方政府债务实施监督。"

符合《预算法》第35条第2款法定限额和程序规定通过发行地方政府债券举借的债务，属于显性债务。在此之外，地方政府还可能通过融资平台公司举借第35条第3款所禁止的隐性债务。2022年7月29日，财政部通报关于融资平台公司违法违规融资新增地方政府隐性债务问责典型案例，其中之一是"某城市建设投资（集团）有限公司通过财政担保方式违法违规融资"：2015年11月至12月，经区人民政府批复同意，某城市建设投资（集团）有限公司向某产业投资有限公司融资0.55亿元。区财政局报经区人民政府有关负责人批准后，为该笔融资提供了协调资金支付融资产品本息的承诺函，造成新增隐性债务。①

二、法定职责必须为

《民法典》对有为政府的消极判断标准是"法无授权不可为"，对有为政府的积极判断标准是"法定职责必须为"。"法无授权不可为""法定职责必须为"法治思维中的"法"不限于行政法等公法法律部门，《民法典》天然构成"法无授权不可为""法定职责必须为"的边界。《民法典》当然是行政法定原则中"法"的重要组成部分。"民法典是全面依法治国的重要制度载体，很多规定同有关国家机关直接相关，直接涉及公民和法人的权利义务关系。国家机关履行职责、行使职权必须清楚自身行为和活动的范围和界限。"②"切实保障公民权利，必须有效规范公权力运行……民法典作为公权力的规范器，还为各级行政机关规定了大量法定职责，划定了行使职权的范围。"③

---

① 《关于融资平台公司违法违规融资新增地方政府隐性债务问责典型案例的通报》，载财政部网，http://jdjc.mof.gov.cn/jianchagonggao/202207/t20220729_3830829.htm，最后访问日期：2023年12月30日。

② 习近平：《充分认识颁布实施民法典重大意义　依法更好保障人民合法权益》，载《求是》2020年第12期，第6页。

③ 周佑勇：《贯彻实施民法典　提高国家治理现代化水平》，载《学习时报》2020年6月19日，第A1版。

我们可以梳理总结《民法典》对公权力机关开具的职责任务清单。《民法典》中"机关"出现44次（包括机关法人、法人登记机关、户口登记机关、婚姻登记机关、公安机关等机关），"登记机构"出现21次，"民政部门"出现17次，"有关部门"出现8次，"主管部门"出现7次，这些术语出现的条文往往也就是《民法典》对相应机关法人规定法定职责之处。例如，《民法典》第1254条明确禁止高空抛物，增加了公安等机关的依法及时调查义务，突出综合治理，本着问题导向和公私法协作规定公权力机关的法定职责。《民法典》第1254条第3款规定："发生本条第一款规定的情形的，公安等机关应当依法及时调查，查清责任人。"

2020年5月，个别婚姻登记机关发布公告称5月20日将不办理离婚登记，引发网友热议。在5月19日召开的婚姻登记"跨省通办"试点工作专题新闻发布会上，民政部社会事务司负责人表示，办理结婚登记、离婚登记同属于婚姻登记机关的法定职责，依法办理结婚登记和离婚登记是对婚姻登记机关的基本要求。[①]

[①] 高蕾：《民政部回应520不办离婚》，载新华网，http://m.xinhuanet.com/2021–05/19/c_1127465074.htm，最后访问日期：2023年12月30日。

个人信息处理者

数据是第五大生产要素，个人信息是数据的重要基础。《个人信息保护法》《网络安全法》《数据安全法》共同构建了我国关于网络安全和数据保护的基本法律框架。在信息化和数字经济时代，个人信息保护、个人信息处理和个人信息合理利用都成为广大人民群众最关心、最直接、最现实的问题。监管机构明显加强了个人信息保护的监管执法力度，个人信息相关诉讼也日趋频繁。如何对个人信息权益进行保护和促进个人信息合理有效利用是世界性难题。"未来将推动数据财产权方面的立法……去标识化的数据能为产业带来经济价值……数据确权不是个保法解决的问题，需要将来单独立法。数据确权实际上是数据财产权方面的问题……个人信息被收集处理之后，处理者享有财产利益。"[1]

个人信息处理者处理个人信息应遵循的基本原则包括合法、正当、必要、诚信原则，目的明确合理和最小化处理原则，以及公开透明原则等。《个人信息保护法》第5条规定合法、正当、必要、诚信原则，第6条限制过度收集用户个人信息，第7条规定公开、透明原则，第8条规定保证信息质量原则，第9条规定采取必要安全保障措施原则等。例如，作为某市党政一体

---

[1] 《专访张新宝：个保法出台正当其时，未来将推动数据财产权立法》，载《南方都市报》2021年8月22日，https://www.sohu.com/a/485019253_161795，最后访问日期：2024年8月6日。

法律顾问，笔者曾遇到一起"交警进社区采集小区车辆信息行动方案的合法性"咨询，问这种做法是否符合《民法典》等关于个人信息和隐私的保护规定？笔者认为，根据《民法典》第1034条，这是扩大收集个人信息的范围，扩至行踪信息；根据《民法典》第1035条，此种信息收集须遵循合法、正当、必要原则，需要找到合法性依据方可；即便法律允许此种收集行为，根据《民法典》第1039条，信息收集者也应当对所收集的信息予以保密，所以还须前瞻检视信息收集者信息安全内控机制是否完善。

《个人信息保护法》第5条在《民法典》第1035条规定的收集个人信息须遵循合法、正当、必要原则基础上，又增加规定诚信原则。

《个人信息保护法》规范个人信息处理活动。个人信息处理规则的核心是第14条规定的"告知—同意"规则，这是保障个人对其个人信息处理知情权和决定权的重要手段，该条实质上提高了"知情同意"的要求，确保个人信息主体能够作出自愿、明确、知情的选择。

《个人信息保护法》第五章专章规定和强化个人信息处理者的义务。第51条明确了个人信息处理者的合规管理和保障个人信息安全等义务，要求个人信息处理者按照规定制定内部管理制度和操作规程，采取相应的安全技术措施。第52条要求指定负责人对其个人信息处理活动进行监督。第54条要求个人信息处理者定期对其个人信息活动进行合规审计。第55条和第56条要求对处理敏感个人信息、利用个人信息进行自动化决策、对外提供或公开个人信息等高风险处理活动进行事前影响评估。第57条要求履行个人信息泄露通知和补救义务等。

数字经济背景下，提供重要互联网平台服务、用户数量巨大、业务类型复杂的个人信息处理者是保护个人信息的关键环节，《个人信息保护法》第58条赋予大型网络平台更多特别义务，规定看门人制度，该条规定的"独立机构"类似于上市公司设立的独立董事。

一、大数据杀熟与消费者权益保护

用户画像、算法推荐等新技术、新应用受到高度关注，消费者对经营者在相关产品和服务中存在的信息骚扰、"大数据杀熟"等问题反映强烈。"大数据杀熟"行为违反诚信原则，《个人信息保护法》第24条第1款禁止"大数据杀熟"，规范自动化决策，禁止实行不合理的差别待遇。《个人信息保护法》第24条第1款规定："个人信息处理者利用个人信息进行自动化决策，应当保证决策的透明度和结果公平、公正，不得对个人在交易价格等交易条件上实行不合理的差别待遇。"

"胡女士诉上海某程商务有限公司侵权纠纷案"（"平台公司大数据杀熟'退一赔三'案"）中，胡女士一直都通过某程App来预订机票、酒店，因此，是平台上享受8.5折优惠价的钻石贵宾客户。然而，享受8.5折的贵宾会员订房价竟比实际价格高一倍。胡女士以上海某程商务有限公司采集其个人非必要信息，进行"大数据杀熟"等为由诉至柯桥区法院，要求退一赔三并要求某程App为其增加不同意"服务协议"和"隐私政策"时仍可继续使用的选项，以避免被告采集其个人信息，掌握原告数据。App"不全面授权就不给用""大数据杀熟"等问题是当今社会值得关注的问题。本案对App"不全面授权就不给用"说不，杜绝概括性要求用户授权的行为，更好地保护了公民的个人信息。[1]

---

[1] 余建华、徐少华：《浙江一女子以某程采集非必要信息"杀熟"诉请退一赔三获支持》，载《人民法院报》2021年7月13日，第3版。

二、精准营销与消费者权益保护

2022年6月14日，就短信营销、"短信轰炸"现象，笔者接受《人民日报》（海外版）记者采访，《人民日报》（海外版）2022年6月22日第8版发布采访稿《"一键解绑"，对过度营销说"不"》。以下是采访问答底稿：

记者：近年来，人们对手机应用平台的短信营销反映十分强烈，"短信轰炸"严重损害消费者权益。在您看来，"短信轰炸"是一种怎样的行为，具体侵犯了消费者的哪些权益？

王雷：短信营销、"短信轰炸"侵扰了消费者的私人生活安宁。私人生活安宁属于《民法典》第1032条和第1033条消费者隐私权的有机组成部分。

短信精准营销侵害了消费者的个人信息权益，违反了《个人信息保护法》第24条第2款规定："通过自动化决策方式向个人进行信息推送、商业营销，应当同时提供不针对其个人特征的选项，或者向个人提供便捷的拒绝方式。"

此外，经营者未经消费者同意或者请求，或者消费者明确表示拒绝的，不得向消费者发送商业性信息。《消费者权益保护法》第29条第3款规定："经营者未经消费者同意或者请求，或者消费者明确表示拒绝的，不得向其发送商业性信息。"

记者：您认为"短信轰炸"的源头是什么？它是出于什么样的目的？

王雷："短信轰炸""精准营销"的源头有可能是消费者个人信息被泄露。经营者及其工作人员对收集的消费者个人信息必须严格保密，不得泄露、出售或者非法向他人提供。经营者应当采取技术措施和其他必要措施，确保信息安全，防止消费者个人信息泄露、丢失。在发生或者可能发生信息泄露、丢失的情况时，应当立即采取补救措施。经营者及其工作人员泄露、出售或者非法向他人提供消费者的个人信息，目的是直接或者间接获取商业利益。

"短信轰炸""精准营销"的源头也有可能是经营者收集、使用消费者个人信息时未遵循合法、正当、必要的原则，超出收集、使用信息的目的、方式和范围，未经消费者同意，利用消费者的个人信息进行精准营销。

记者： 2022年6月14日，工业和信息化部总工程师指出，目前正在对2013年出台的《电信和互联网用户个人信息保护规定》进行修订，强化应用程序关键责任链的管理，进一步健全个人信息保护制度体系。您认为个人信息保护制度应从哪几个方面入手，个人、国家、企业各自应充当怎样的角色？

王雷： 个人信息处理者违反《个人信息保护法》规定处理个人信息，侵害众多个人的权益的，人民检察院、法律规定的消费者组织和由国家网信部门确定的组织可以依法向人民法院提起诉讼，通过切实实施消费公益诉讼等方式以点带面，降低个人信息维权成本，形成保护个人信息的示范效应。《电信和互联网用户个人信息保护规定》修订过程中，要切实贯彻实施《民法典》《个人信息保护法》等对个人信息保护的新规定、新要求，细化知情同意规则和经营者对个人信息的安全保障义务。要强化提供重要互联网平台服务、用户数量巨大、业务类型复杂的个人信息处理者的安全保障义务和个人信息保护合规制度体系建设。消费者在购买商品和接受服务过程中可以增强个人信息安全意识和依法维权意识。

记者： 近日，工信部旗下的中国信息通信研究院推出"一键查询"和"一键解绑"功能。上述功能可用于查询该手机号注册绑定的互联网账号情况，选择是否解除持有手机号与互联网账号之间的绑定或关联关系。您认为这项服务的出台，将对人们规避"短信轰炸"起到怎样的作用？

王雷： 处理个人信息应当具有明确、合理的目的，并应当与处理目的直接相关，采取对个人权益影响最小的方式。收集个人信息，应当限于实现处理目的的最小范围，不得过度收集个人信息。"一键查询"和"一键解绑"功能可用于查询用户手机号注册绑定的互联网账号情况，选择是否解除手机号与互联网账号之间的绑定或关联关系。此种"一键查询"和"一键解绑"服务的出台，有助于在互联网账号注册时贯彻个人信息必要原则，将收集、使用个人信息限制在与互联网账号注册目的直接相关和最小必要范围，避免过度收集个人信息，最大限度防范个人信息泄露及可能衍生的"短信轰炸"等不利后果。

三、金融机构对金融个人信息的安全保障义务

2020年12月2日，笔者在青岛农商行讲解"民法典对金融业务的影响"，提纲如下：（1）金融服务实体经济，禁止高利放贷；（2）民间借贷和金融机构借款均不得超过4倍LPR利率上限放贷；（3）监管部门等机关法人在金融业务中的角色地位；（4）信用担保规则的新变化；（5）穿透式监管理念对金融业务的影响；（6）金融机构视角下担保物权法律制度变革；（7）债权让与规则对不良资产处置的新影响；（8）金融机构对金融个人信息等的安全保障义务。

金融机构工作人员随手拍信贷系统客户信息会危及金融个人信息安全。涉银行卡网络盗刷案件中，生效刑事判决确定案涉交易系犯罪分子采用新型犯罪手法盗取账户资金的非授权交易，在无证据证明持卡人有可归责事由的情况下，银行未尽安全保障义务的，应对被盗刷的款项承担赔偿责任。银行作为电子交易平台的提供者，亦是电子交易方式的获利者，有能力且有必要采取严格的技术保障措施保障账户资金安全。持卡人通过刑事判决证明系争交易为非授权交易，且在无证据证明持卡人有可归责事由的情况下，由

银行承担赔偿责任，有利于督促行业提高电子交易安全保障，规范金融交易行为。①

2020年11月1日起施行的《中国人民银行金融消费者权益保护实施办法》第28条规定："本办法所称消费者金融信息，是指银行、支付机构通过开展业务或者其他合法渠道处理的消费者信息，包括个人身份信息、财产信息、账户信息、信用信息、金融交易信息及其他与特定消费者购买、使用金融产品或者服务相关的信息。消费者金融信息的处理包括消费者金融信息的收集、存储、使用、加工、传输、提供、公开等。"第29条规定："银行、支付机构处理消费者金融信息，应当遵循合法、正当、必要原则，经金融消费者或者其监护人明示同意，但是法律、行政法规另有规定的除外。银行、支付机构不得收集与业务无关的消费者金融信息，不得采取不正当方式收集消费者金融信息，不得变相强制收集消费者金融信息。银行、支付机构不得以金融消费者不同意处理其金融信息为由拒绝提供金融产品或者服务，但处理其金融信息属于提供金融产品或者服务所必需的除外。金融消费者不能或者拒绝提供必要信息，致使银行、支付机构无法履行反洗钱义务的，银行、支付机构可以根据《中华人民共和国反洗钱法》的相关规定对其金融活动采取限制性措施；确有必要时，银行、支付机构可以依法拒绝提供金融产品或者服务。"

四、个人信息处理者过错推定责任归责原则

《个人信息保护法》如何缓解个人信息权益人举证难问题？通过初步证

---

① 《丁某诉甲银行储蓄存款合同纠纷案》，2019年度上海法院金融商事审判十大案例之一，载上海高院研究室、中国上海司法智库微信公众号2020年5月18日，https://mp.weixin.qq.com/s/2ldRmNYuQEe_A32OkQIDRA，最后访问日期：2024年3月7日。

据以减轻举证困难、过错推定还是举证责任倒置？《个人信息保护法》第69条第1款规定："处理个人信息侵害个人信息权益造成损害，个人信息处理者不能证明自己没有过错的，应当承担损害赔偿等侵权责任。"

个人信息的收集者应当依法取得并确保信息安全。在互联网和大数据时代，个人信息的使用价值凸显，对个人信息的侵害也越发严重，个人信息被泄露后所衍生的"徐玉玉案"等类似网络诈骗、电信诈骗案件频发。大量个人信息在采集时可能是合法的，但被采集后，信息收集人应该采取安全保障措施防止个人信息被泄露、毁损、篡改或者丢失，以确保信息的安全。例如，医院产科在为孕妇建档或者接生前后采集孕产妇或者新生儿个人信息，这本身是合法的，但如果不采取安全保障措施，就很有可能造成所采集的个人信息被泄露，很多母婴产品或者服务的经营者会反复向孕产妇或其家人推销相应产品或者服务，这会给受害人带来很大的侵扰。与个人信息处理者的安全保障义务相适应，对个人信息处理者应采取过错推定责任原则，个人信息权人授权其独家收集的信息一旦被泄露，应该由个人信息处理者举证证明自己已经对所收集的个人信息采取合理的安全保障措施，否则就需要对相关个人信息被泄露承担法律责任，这也符合举证责任分配的证据距离规则。

五、自然人的个人信息权益

自然人的个人信息权益是对个人信息处理者的制衡。《民法典》第1037条规定："自然人可以依法向信息处理者查阅或者复制其个人信息；发现信息有错误的，有权提出异议并请求及时采取更正等必要措施。自然人发现信息处理者违反法律、行政法规的规定或者双方的约定处理其个人信息的，有权请求信息处理者及时删除。"学者张志坡说："《民法典》通过了，我想做的第一件事就是拿着《民法典》去我们学校的档案馆查我的档案，看看我的档案里都是什么内容、记载妥当不妥当。因为我记得十几年前，当时看《今日说法》，节目里有一个高管，他从一个公司离职了，他离职之后就再也找不到工作，大家可以猜到原因。我们说个人信息保护，但是怎样才能把它落到实处，我觉得必须我们每个人都行动起来，就像耶林说的，为权利而斗争。"①

《个人信息保护法》保护个人信息权益，赋予个人充分权利。《个人信息保护法》第四章专门规定"个人在个人信息处理活动中的权利"，第44条规定知情权、决定权，第45条规定查阅权、复制权和可携带权，第46条规定更正权、补充权，第47条规定删除权，第49条规定死者个人信息利益。

为了适应互联网应用和服务多样化的实际，满足日益增长的跨平台转移个人信息的需求，解决用户与大平台"绑定"的问题，《个人信息保护法》对个人信息可携带权作了原则性规定②，第45条第3款规定的个人信息可携带权使得个人信息跨平台转移有了法定依据，有利于防止互联网巨头的信息垄断，保障个人对其信息的决定权，促进市场竞争。

《个人信息保护法》第49条明确死者个人信息保护规则，近亲属使用死者的相关个人信息同样要遵守合法、正当的原则，该条还体现了对死者生前意愿的尊重，鼓励自然人生前具体安排自己的个人信息。

《个人信息保护法》严格保护敏感个人信息。第28条界定了敏感个人信息的范围，特别将不满十四周岁未成年人的个人信息列为敏感个人信息。第31条规定了个人信息处理者处理不满十四周岁未成年人个人信息的特殊规

---

① 《研讨实录（一）|我们时代民法典的特色》，载人大法律评论微信公众号2020年6月12日，https://mp.weixin.qq.com/s/7T7X4RV-r621pGdK9WOZDg，最后访问日期：2024年3月7日。

② 《权威解读：杨合庆主任论个人信息保护法十大亮点》，载数字经济与社会微信公众号2021年8月21日，https://mp.weixin.qq.com/s/UN6s4opjg1p0s17PUvXN6Q，最后访问日期：2024年3月7日。

则。第29条规定了处理敏感个人信息的单独同意规则，第30条对此种情况下的告知义务提出更高要求。

《个人信息保护法》第50条规定了个人诉权。第70条对个人诉权和公益诉讼进一步予以强化，使个人信息主体有了多元化的维权途径。

网络用户与网络服务提供者

2020年12月23日下午,笔者为某单位培训班主讲"《民法典》与网络强国建设"。笔者主要讲解如下几个问题:(1)数据和网络虚拟财产成为财产权益的新客体;(2)规范电子合同的订立和撤销;(3)规范电子合同的履行、解答网购消费者的签收验货困惑;(4)加强对网名的保护;(5)加强对自然人私生活安宁和个人信息的保护;(6)规定打印遗嘱、录像遗嘱,丰富遗嘱的形式;(7)追究网络侵权责任;(8)共享经济形态下的新法律问题。

《民法典》中"网络"一词出现25次,"数据"出现10次,"信息"出现57次,"互联网"出现2次,"电子"出现11次。随着网络化、数字化、智能化时代的到来,人类迈入了智慧治理时代,我们要探索智慧治理机制,建设智慧社会。[①]

网络空间不是"法外之地",《民法典》完善网络侵权责任制度。习近平总书记对网络法治的最生动表述是:"网络空间不是'法外之地'。网络空间是虚拟的,但运用网络空间的主体是现实的,大家都应该遵守法律,明确各方权利义务。"[②] 网络侵权所侵害的民事权益,常见的有知识产权、肖像权、

[①] 苗梅华:《智慧治理的时代面向与挑战》,载《国家检察官学院学报》2020年第1期,第103–112页。

[②] 习近平:《建立多边、民主、透明的全球互联网治理体系》,载《习近平谈治国理政》(第二卷),外文出版社2017年版,第534页。

名誉权、隐私权、网络虚拟财产等。随着我国5G技术的发展，电子商务、各类交易平台、网络直播带货等获得蓬勃发展。伴随着电商行业的飞速发展，也出现了刷单、网络侵权中一些恶意投诉的现象，甚至愈演愈烈，这些行为人通过滥用《电子商务法》、知识产权法中的"通知—删除"规则恶意投诉商家，导致被投诉商家的产品被交易平台强制下架甚至被删除链接。维护网络安全，推进网络强国建设过程中，"要提高网络综合治理能力……要压实互联网企业的主体责任，决不能让互联网成为传播有害信息、造谣生事的平台。要加强互联网行业自律，调动网民积极性，动员各方面力量参与治理"[①]。网络服务提供者须尽到对网络安全治理的义务和责任。

一、离婚时网络用户自媒体账号该归谁

夫妻一起经营自媒体账号或者网购平台店铺，离婚时自媒体账号或者网购平台店铺该归谁？近年来，虚拟财产在离婚时如何划分的问题争议不断。

湖南省临湘市人民法院受理的一起离婚纠纷就涉及"离婚时网络用户自媒体账号该归谁"——夫妻双方经营的直播卖货抖音号的归属及价值分割。经查明，方某、廖某于2014年结婚，2022年3月，方某向临湘法院起诉离婚，要求分割夫妻共同财产。在该案件审理过程中，夫妻双方主要就抖音号归属及运营带来的收益分割存在分歧。据悉，该抖音号用于直播售卖渔具，现有粉丝高达10万余人。最终，经法院调解，双方达成协议：抖音号由注册人廖某使用经营，该抖音号经营的应收货款和现有货款归其所有，双方婚姻期间因共同经营对外所欠货款也由廖某负责偿还；廖某分期向方某支付共同财

[①] 习近平：《自主创新推进网络强国建设》，载《习近平谈治国理政》（第三卷），外文出版社2020年版，第306页。

产补偿款 30 万元，分期期间该抖音号因不可抗力被封号冻结或不再经营，方某对剩余未支付的部分放弃主张。①

法律具有鲜明的时代性。立法和司法实务须与时俱进回应网络时代、信息时代的中国之问、时代之问。我国《民法典》首次将网络虚拟财产作为民事财产权益加以规定，丰富了财产权益的客体形态，回应网络时代的现实问题。《民法典》第127条规定："法律对数据、网络虚拟财产的保护有规定的，依照其规定。"虚拟财产立法规定比较概括，预留了法律发展的空间，采取持中柔和的立法态度。《民法典》第127条实际上是一个授权立法规定，授权法律对网络虚拟财产另作规定。而司法裁判实践中，围绕网络虚拟财产的交易、保护、分割、继承等案件日益增多。法院在民事裁判中本着司法实用主义的态度，不对网络虚拟财产权的法律定性争议作判断，法院普遍认可网络虚拟财产的财产属性并将之归为"其他合法财产"，法院注重考察网络运营商的安全保障义务。抖音、快手、小红书、微信公众号这类网络虚拟财产账号的法律特征主要表现为有价值性、客观非物质性、可转让性、可控制性。网络虚拟财产账号持有人投入了时间、精力和金钱后获取有不同财产价值的劳动成果。

网络虚拟财产具有财产价值，但还没形成完整的价值评估体系。随着自媒体快速崛起发展，很多夫妻或团队通过运营自媒体账号获得了收入，在离婚或者散伙、公司注销时，因账号归属问题产生争议。需对网络虚拟财产价值进行精确评估，以确保夫妻之间或者合伙人之间合理公平划分。流量经济下，网络虚拟财产账号的财产价值不可小觑。在对网络虚拟财产账号财产价值进行分割时需要运用利益动态衡量方法综合考察账号财产价值的大小、账

---

① 焦艳：《新问题！抖音夫妻离婚，自媒体账号归谁？》，载法治日报微信公众号2022年6月16日，https://mp.weixin.qq.com/s/SzpqWsjvZMF_eZfdZRLedA，最后访问日期：2023年12月30日。

号的取得方式、账号运营维护管理的投入情况、账号运营时间、账号效用的充分发挥、账号与某个特定主体的关联度等因素。类似地，网购平台店铺本身存在价值，在离婚纠纷分割夫妻财产时，对其价值可以由当事人协商确定；协商不成的，法院需综合考虑店铺登记主体，经营连贯性、稳定性，发挥网店的最大效能，参与经营网店等因素，对网店进行分割，以确定夫妻双方离婚后网店继续经营的主体。①

实践中，除了司法裁判事后解决纠纷视角，还应该重视通过合同治理事先预防纠纷。对网络虚拟财产账号，合伙人之间可以就账号财产价值的归属约定共有的形态，灵活选择按份共有、共同共有等不同方案，夫妻之间还可以对网络虚拟财产账号的财产价值作财产制约定，以充分尊重各方的自主意志并能实现各尽所能、各得其所、各安其分。

二、微信群主该当何为

被群主踢出微信群起诉群主第一案"柳某诉刘某名誉权纠纷案"一审驳回起诉。②2019年2月15日，柳某因其被移出"诉讼服务群"，以其名誉权被侵犯为由起诉该群群主刘某，索赔精神损害抚慰金1万元。2019年7月29日，该案一审在山东莱西法院开庭审理，法院裁定驳回原告起诉。

这起备受公众关注的"将成员移出群聊群主成被告案"一审尘埃落定。法院认为，本案中，群主与群成员之间的入群、退群行为，应属于一种情谊行为，可由互联网群组内的成员自主自治。本案中，刘某并未对柳某名誉、

---

① 《王某诉徐某某离婚纠纷案》，上海市闵行区人民法院（2014）闵民一（民）初字第18439号民事判决书，载最高人民法院中国应用法学研究所编：《人民法院案例选》2018年第1辑（总第119辑），人民法院出版社2018年版。

② "柳某诉刘某侵犯名誉权'踢群第一案'"，2023年1月本案被评为"山东法院这五年"推动法治进程典型案件。

荣誉等进行负面评价，且没有侵权行为，柳某提出的赔礼道歉、赔偿损失的主张，系基于其被刘某移出群组行为而提起，不构成可以提起侵权民事诉讼的法定事由，不属于人民法院受理民事诉讼的范围。司法裁判是解决社会矛盾纠纷的方式之一，有案必立、有诉必理的前提是符合法律规定的起诉条件。此外，法院认为，刘某使用互联网平台赋予群主的功能权限，将其认为不当发言的柳某移出群组，是对"谁建群谁负责""谁管理谁负责"自治规则的运用，本案所涉群组设立群规，明示群内言论要发扬正能量、维护司法权威，值得肯定。

在一起"微信群主不作为案"中，物业公司的员工基于物业管理需要创建业主微信群，众多业主可以在微信群这一网络空间内交流信息、发表意见，其应当预见到该微信群内可能会出现侵害他人合法权益的信息或言论，故对此负有必要的注意义务。

国家互联网信息办公室印发的《互联网群组信息服务管理规定》第9条第1款规定："互联网群组建立者、管理者应当履行群组管理责任，依据法律法规、用户协议和平台公约，规范群组网络行为和信息发布，构建文明有序的网络群体空间。"微信群的建立者和管理者与微信群成员一样都属于网络用户，而非网络服务提供者，但与微信群成员不同，微信群的建立者和管理者应当履行群主管理责任。公然侮辱他人属于违反治安管理的行为，群主应履行工作职责，通过发布群公告、将群成员移出群聊和解散微信群等措施，制止发生在微信群内的侮辱个别业主名誉的行为。如果物业公司员工履行了群主管理和物业服务职责，没有过错，则无须承担侵权责任。是否尽到注意义务，应根据微信群的性质、当事人关系具体判断，并结合不法言论出现的频率、持续时间、被侵权人的通知和求助情况、微信群主对侵权人的不法言论采取的管理措施类型以及管理措施的及时性等因素综合考量。物业公司员工未尽相应注意义务，则应当承担相应的侵权责任，但须遵循责任大小与过错程度、原因力大小相适应的原则。①

微信群主对微信群有管理义务，微信群主是否属于《民法典》第1198条第1款"群众性活动的组织者"，还可再讨论。即便根据该款，微信群主承担侵权责任的归责原则也是第1165条第1款的过错责任。微信群主未尽注意义务、管理责任时需要承担的侵权责任形态以"相应的补充责任"为宜。《民法典》第1198条第2款对第三人侵权时安全保障义务人责任形态的规定具有合理性。

三、网络侵权责任纠纷中电商平台证据审核的边界

2021年1月19日，上海一中院对"全国首例电商平台涉反通知义务网络侵权责任纠纷"上诉案进行公开宣判。法院认为，投诉方供货商因重大过失导致错误投诉，某宝公司在证据审核过程中存有过错，导致未及时终止处罚，网店售卖投诉商品存在不当且未积极维权，亦存在一定过错，改判酌定网店损失20万元，供货商、某宝公司和网店分别承担50%、30%和20%的责任，并判令某宝公司限时恢复网店积分和保证金。"全国首例电商平台涉反通知义务网络侵权责任纠纷"基本案情如下：

2019年3月15日，某平台网店被供货商投诉出售假冒商品。某宝公司收到投诉后，通知网店，要求网店三个工作日内提供材料申诉。2019年4月30日，供货商再次以售假为由向某宝公司投诉网店。某宝公司通知网店限期申诉。网店2019年5月5日提供的申诉证据除提供购销合同书、发货单、发票等外，还备注了发票购买方与网店的关系，相关证据具有关联性，已可证明其售卖的商品有合法来源的可能性。某宝公司二审中也自述网店提供的证据

---

① 《我在物业群被骂了！群主该不该负责？》，载广州互联网法院微信公众号2021年8月12日，https://mp.weixin.qq.com/s/54E-fPxwmkmAuUobF1HNjg，最后访问日期：2024年3月7日。

的确使其对侵权行为存疑。上海一中院认为，在网店提供初步证据后，其申诉应为有效，但某宝公司未告知供货商应向有关部门投诉或者向人民法院起诉，且未依法及时终止已采取的必要措施，有违法律的规定。作为纠纷解决服务提供者的某宝公司，在双方都有证据的情况下，理应预见到侵权或不侵权都有可能，但某宝公司却以不作为的方式继续维持已采取的措施，此为过失。网店提供具有关联性的证据材料时，某宝公司适用高度盖然性的证据审查标准对其材料不予采信，而对供货商侵权投诉所附证据的审核中，并无投诉商品与检测报告相关联的基本要求。某宝公司对供货商与网店采用标准不一的证据证明标准层次，有违公平，实际对网店依法维护权利设置了不合理的条件，存在过错，应承担侵权责任。

《民法典》第1196条规定："网络用户接到转送的通知后，可以向网络服务提供者提交不存在侵权行为的声明。声明应当包括不存在侵权行为的初步证据及网络用户的真实身份信息。网络服务提供者接到声明后，应当将该声明转送发出通知的权利人，并告知其可以向有关部门投诉或者向人民法院提起诉讼。网络服务提供者在转送声明到达权利人后的合理期限内，未收到权利人已经投诉或者提起诉讼通知的，应当及时终止所采取的措施。""全国首例电商平台涉反通知义务网络侵权责任纠纷"上诉案主审法官指出，《民法典》第1196条规定了电商平台收到声明后应予以转送、告知、及时终止已采取的措施。前述转送、告知、及时终止措施以被投诉方提出有效声明为前提。有效声明要求包含初步证据和真实身份信息等内容。法条对于被投诉方已提供有效声明但电商平台未履行转送、告知及终止措施的法律后果未予明确规定。对此，应按照侵权一般构成要件进行综合判断：只有当电商平台具有主观过错的情况下，其才对未及时终止错误投诉的行为承担相应的侵权责任。此外，权利人与被投诉方间的纠纷宜通过电商平台内的规则进行前置处理，平台依据自治规则为权利人与被投诉方提供争议解决服务，应秉持中立原则，在审核双方提供的材料是否符合"初步证据"时，应对双方适用相同标准，平等对待。若平台有违中立原则，对权利人或被投诉人依法维权设置不合理条件或障碍，则应认为其有过错。①

四、直播带货不是法外之地

网络直播带货商业模式通过信息技术实现了广告产业链与电商产业链的跨域整合与无缝对接，促进了"人—货—场"三要素的互动循环，大大提升了网络电子商务产业链的完整性和运转效率。共享经济形态下的新法律问题层出不穷，商业模式的创新固然会给法律适用带来挑战，这在网络法上司空见惯，但并非任何商业模式创新都会导致法律制度的变迁。凡是通过法解释学的动态涵摄过程足以解决的问题，无须诉诸制度重建。那些试图让直播带货逃脱《广告法》规制的努力，缺乏法理上的正当性与法解释技术上的可行性。以商业推销为目的的直播带货在性质上构成商业广告无疑，应当适用《广告法》上的"主体—行为—责任"体系。②

网络直播带货即通过互联网平台，使用直播技术，进行线上展示、导购、销售的新型商品交易形式，是"新一代电子商务模式"。疫情肆虐期间，"直播带货"有效解决了实体店顾客大幅减少、库存积压商品滞销的问题，一批"大流量"带货主播实现了惊人的销售业绩，吸引了众多行业采用这种模式。在"直播带货"火爆的背后也出现了不少隐忧，如违规宣传、数据造假、假冒伪劣产品不时出现、售后服务无法保障等，有效监管已成为当务

---

① 王长鹏：《全国首例电商平台涉反通知义务案二审宣判》，上海一中法院微信公众号2021年1月19日。

② 宋亚辉：《网络直播带货的商业模式与法律规制》，载《中国市场监管研究》2020年第8期。

之急。①《市场监管总局关于加强网络直播营销活动监管的指导意见》(国市监广〔2020〕175号)是一部专门针对直播带货的监管政策文件。

《广告法》第2条第1款明确规定："在中华人民共和国境内，商品经营者或者服务提供者通过一定媒介和形式直接或者间接地介绍自己所推销的商品或者服务的商业广告活动，适用本法。"直播带货不是法外之地，直播带货是网络主播将其粉丝群体作为主要消费者并通过线上推销商品进行卖货的一种商业行为，属于商业广告活动，应该受到《广告法》的调整及约束。直播带货的主播们在广告领域可能有三种身份：广告代言人、广告发布者、广告主。直播平台是在电子商务中为交易双方或者多方提供网络经营场所、交易撮合、信息发布等服务，供交易双方或者多方独立开展交易活动的法人或者非法人组织，属于电子商务平台经营者，须承担《电子商务法》赋予的责任义务。②

---

① 《咬文嚼字》编辑部2020年12月4日选出的"2020年十大流行语"。
② 习亚伟：《Oh, My God！直播带货的野蛮生长可要不得！》，载北京市第一中级人民法院微信公众号2020年7月9日，https://mp.weixin.qq.com/s/Qztk254og5h8VvXQ3SOE0g，最后访问日期：2024年3月7日。

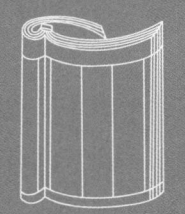

第四章

生命尊严

患者的生命尊严

2022年6月23日修订后的《深圳经济特区医疗条例》首次规定尊重患者生前预嘱，以更好地保护患者的临终决定权。医疗机构在患者不可治愈的伤病末期或者临终时实施医疗措施，应当尊重患者生前预嘱的意思表示。《深圳经济特区医疗条例》赋予生前预嘱法律效力，是《民法典》生命尊严理念的生动体现。

由此出发，笔者谈谈生命尊严理念在《民法典》中的体现。

自然人的人身自由、人格尊严受法律保护。自然人享有基于人身自由、人格尊严产生的其他人格权益。《民法典》是人法，是"以人为本"的法。维护生命尊严和人格尊严是《民法典》人文关怀理念的具体内容、具体表现，是践行以人民为中心的发展思想和实现人民对美好生活向往的当然要求，是对习近平法治思想中坚持以人民为中心的生动诠释。

人格尊严是生命尊严的上位概念。生命尊严是人格尊严的首要之义，生命尊严也是生命权、身体权、健康权等物质性人格权背后的基本"法理"。生命安全和生命尊严是自然人生命权的两大核心要义。

生命尊严覆盖自然人从生到亡的全过程，使人"生如夏花之绚烂，死如秋叶之静美"。生命尊严还往前追溯到保护胎儿利益，往后延及保护死者人格利益。可以说从摇篮到坟墓，自然人一生都密切关涉生命尊严保护。《民法典》通过维护人格尊严和生命尊严，实现每一个人的自由和全面发展。

生命尊严理念要求给予胎儿特殊、优先保护，给予未成年人特殊、优先保护，在《民法典》中有如下表现：第一，涉及遗产继承、接受赠与等胎儿利益保护的，胎儿视为具有民事权利能力。监护人处理涉及未成年人事项时，应当坚持最有利于未成年人的原则，适应未成年人身心健康发展的规律和特点，听取未成年人的意见。第二，未成年人的监护人履行监护职责，在作出与被监护人利益有关的决定时，应当根据被监护人的年龄和智力状况，尊重被监护人的真实意愿。第三，父母离婚确定未成年子女直接抚养权归属时，子女已满八周岁的，应当尊重其真实意愿。

坚持以人民为中心要求本着生命至上的理念充分保护人民群众的生命健康。自然人的生命安全和生命尊严受法律保护，《民法典》中的法定救助义务、人格权保护禁令、成年意定监护等制度都以对自然人生命安全和生命尊严的细致呵护为制度目的。第一，法定救助义务以生命至上为首要法理。自然人的生命权、身体权、健康权受到侵害或者处于其他危难情形时，负有法定救助义务的组织或者个人应当及时施救。因抢救生命垂危的患者等紧急情况，不能取得患者或者其近亲属意见的，经医疗机构负责人或者授权的负责人批准，可以立即实施相应的医疗措施。第二，人格权保护禁令适用的主体范围也不局限于家庭成员之间，以实现对生命健康的更周到保护。民事主体有证据证明行为人正在实施或者即将实施侵害其人格权的违法行为，不及时制止将使其合法权益受到难以弥补的损害的，有权依法向人民法院申请采取责令行为人停止有关行为的措施。第三，成年意定监护制度有助于充分尊重成年被监护人的意愿，在成年人丧失或者部分丧失民事行为能力时，充分呵护其生命尊严。具有完全民事行为能力的成年人，可以与其近亲属、其他愿意担任监护人的个人或者组织事先协商，以书面形式确定自己的监护人，在自己丧失或者部分丧失民事行为能力时，由该监护人履行监护职责。

生命尊严理念还关乎自然人与这个世界的体面告别。第一，生前预嘱制度有助于自然人意识清醒时预先行使手术、检查、治疗措施知情同意权,维护患者生命尊严,展现医疗活动在救死扶伤之外还有关怀助人的完整品格。医务人员在诊疗活动中应当向患者说明病情和医疗措施。需要实施手术、特殊检查、特殊治疗的,医务人员应当及时向患者具体说明医疗风险、替代医疗方案等情况,并取得其明确同意;不能或者不宜向患者说明的,应当向患者的近亲属说明,并取得其明确同意。第二,器官捐献制度提供给自然人延续自己生命的意义和价值、泽被世人的有益方式。完全民事行为能力人有权依法自主决定无偿捐献其人体细胞、人体组织、人体器官、遗体,任何组织或者个人不得强迫、欺骗、利诱其捐献。自然人生前未表示不同意捐献的,该自然人死亡后,其配偶、成年子女、父母可以共同决定捐献,决定捐献应当采用书面形式。第三,自然人生命弥留之际其近亲属应有机会与其体面地亲情告别。继承开始后,知道被继承人死亡的继承人应当及时通知其他继承人和遗嘱执行人。继承人中无人知道被继承人死亡或者知道被继承人死亡而不能通知的,由被继承人生前所在单位或者住所地的居民委员会、村民委员会负责通知。第四,《民法典》不仅保护英雄烈士的人格利益、离世名人的人格利益,还要保护普通死者的人格利益,这更体现了生命平等理念和对生命尊严的维护。死者的姓名、肖像、名誉、荣誉、隐私、遗体等受到侵害的,其配偶、子女、父母有权依法请求行为人承担民事责任;死者没有配偶、子女且父母已经死亡的,其他近亲属有权依法请求行为人承担民事责任。

"死者为大"的丧葬习俗

死者为大和入土为安是中国人在处理死者后事时的基本遵循和观念共识,也是《民法典》第10条所规定的不违背公序良俗原则的习惯。不违背公序良俗原则的习惯对实定法法源具有补充功能。

夫妻合葬的丧礼习俗在我国由来已久。对于死者骨灰的安葬原则上应当首先按照死者生前的意思表示办理。死者生前对自己的遗体、骨灰未作出不违背公序良俗原则的预先安排时,由死者的最近亲属(配偶、成年子女、父母)根据亲情来决定埋葬或者捐献。《民法典》第1006条第3款规定:"自然人生前未表示不同意捐献的,该自然人死亡后,其配偶、成年子女、父母可以共同决定捐献,决定捐献应当采用书面形式。"

当死者为大的风俗习惯和入土为安的风俗习惯产生矛盾时,一般应该前者优先。与我国法律规定或者公序良俗原则相悖的风俗习惯并不能成为司法裁判的依据。

案例一"离异改嫁女死亡后合葬纠纷"。在2021年8月17日晚上北京广播电视台科教频道《民法典通解通读》栏目播出的逐条开讲第六期《总则编:第十条——习惯原则》中,笔者曾介绍本案基本案情:

老人孙某嫁过两任丈夫,与前任丈夫生育老大于某林,与后任丈夫生育于某军兄妹6人。按照当地父母去世合葬风俗,老大要求母亲和自己的生父合葬,另外一边同母异父的弟妹则希望生母与第二任丈夫合葬,双方产生矛盾。老大于某林先下手为强，抢到母亲的骨灰与自己的父亲合葬完毕。

对该案要本着法、理、情相结合的思维，把法律和不违背公序良俗原则的习惯（死者为大）相结合，确定老太太应该和第二任丈夫合葬，因为她生前已经通过离婚与第一任丈夫分开。兄妹七人争抢生母骨灰，死者为大的风俗习惯可以解决合葬矛盾。老大于某林先下手为强力图使得老太太入土为安，但有违老人的真实意思，死者为大的风俗习惯优先于入土为安的风俗习惯。

2020年10月10日，笔者在某区调解主任暨婚姻家庭辅导员《民法典》培训班上主讲"《民法典》婚姻家庭编和继承编新内容精解"，课后有朋友介绍在当地发生的一起人民调解案件：老太太生前与两任丈夫感情都很好，且两段婚姻都是因为丈夫去世而结束，老太太去世后，两边子女都来争夺老太太的骨灰，老太太生前未表达过遗愿，此时如何定分止争？笔者认为人世间难有两全其美之事，建议考虑把老太太的骨灰一分为二，分别与两任丈夫合葬，骨灰不同于遗体，将骨灰一分为二的做法并不违背公序良俗。

案例二"丧偶再嫁女死亡后合葬纠纷"。某女士生前有过两段婚姻，死后应和哪任丈夫合葬？如何协调死者为大和入土为安的关系？在某地有"一女二嫁"且后夫系入赘的情形下，女子死后的合葬有"紧前不紧后"的风俗习惯。死者生前立遗嘱指定丧事料理由其与后夫之子全权负责，其他任何人无权干涉。该女子在前一段婚姻中的孙子和后一段婚姻中的儿子对该女子骨灰与哪任丈夫合葬产生纠纷，基本案情如下：

顾某生前有两任丈夫，与前任丈夫曹某育有一子一女，儿子曹甲，1962年曹某亡故。之后顾某与后任丈夫瞿某结婚，瞿某系入赘到顾某家，婚后育有瞿甲等四名子女。曹甲与林某婚后生子曹乙，2003年曹甲过世。

2008年9月，顾某立公证遗嘱载明：其丧事全部由儿子瞿甲料理，费用也由瞿甲全部承担，任何人不得干涉。顾某还在公证处的录音中表示丧事不要儿媳林某干涉。2013年，顾某后任丈夫瞿某去世，2016年8月顾某去世。

顾某去世后瞿甲负责操办丧事，按风俗丧事操办完毕后，死者骨灰须先单独安葬，待冬天再与已过世丈夫合葬，瞿甲将骨灰单独安葬于村公墓中。

后曹乙未经瞿甲同意将骨灰与其祖父合葬。在当地，"一女二嫁"且后夫系入赘的情形下，女子死后的合葬有"紧前不紧后"之说，曹乙认为遗嘱本身仅指定瞿甲负责丧事料理，并未明确骨灰的合葬问题，那么骨灰安葬应当遵循当地的风俗习惯。

瞿甲认为，遗嘱明确丧事由其料理当然包括骨灰的处置，后将骨灰与其父合葬，争执未果遂起诉。诉讼过程中瞿甲认为根据"入土为安"的习惯，不宜改变骨灰与其父合葬的现状。

在"丧偶再嫁女死亡后合葬纠纷"中，死者通过遗嘱表达的合葬遗愿优先于当地"紧前不紧后"的合葬习俗，前者符合死者为大的风俗习惯，后者违背公序良俗。具体评析如下：死者近亲属应当充分尊重死者的遗愿，骨灰的安葬地点、安葬方式等不应与死者的遗愿相违背。死者生前立遗嘱就是为了避免纠纷发生，丧事料理应包括火化、安葬及之后一系列的事宜。可以推定死者生前立遗嘱的本意是要求百年之后骨灰与后夫合葬。在处理死者的骨灰时，首先应当尊重死者生前的意愿；在死者没有明确意思表示的情况下，才可由其近亲属依善良风俗原则进行合理处分。"一女二嫁"且后嫁之夫系"招夫养子"的情形下，女子死后骨灰合葬"紧前不紧后"的习俗，根源于男女不平等的封建思想，该习俗体现的是男尊女卑、女子人身依附于男子等陈旧观念，认为女子一旦嫁给男方即失去独立的权利，一生一世都要从属于男方，同时也体现了对"招婿入赘"婚姻关系中男方人格的蔑视。当事人所在地区"紧前不紧后"的合葬习俗，与当代道德风尚相背离，不能视为善良风俗。死者的骨灰处分权应由最近亲属据亲情来行使。从死者骨灰体现近亲属祭奠利益的角度考量，在现实生活中，血缘上的远近往往反映了各近亲属对死者祭奠利益的大小。在近亲属就骨灰安葬协商不成发生争议的情况下，原则上应当确定血缘更近的近亲属作为骨灰的安葬管理人，并以该近亲属提出的合乎善良风俗的安葬方式、安葬地点安葬骨灰，以保护更大的祭奠利益。可以参照法定继承顺序处理近亲属之间骨灰安置争议。[1]

---

[1] 李晓东：《二嫁女去世后骨灰的处置及风俗习惯的司法审查》，载《人民法院报》2018年7月12日，第7版。

尊崇英雄烈士

2017年3月12日第十二届全国人民代表大会第五次会议主席团第二次会议通过的《第十二届全国人民代表大会法律委员会关于〈中华人民共和国民法总则（草案）〉审议结果的报告》中指出："有的代表提出，现实生活中，一些人利用歪曲事实、诽谤抹黑等方式恶意诋毁侮辱英烈的名誉、荣誉等，损害了社会公共利益，社会影响很恶劣，应对此予以规范。法律委员会经研究认为，英雄和烈士是一个国家和民族精神的体现，是引领社会风尚的标杆，加强对英烈姓名、名誉、荣誉等的法律保护，对于促进社会尊崇英烈，扬善抑恶，弘扬社会主义核心价值观意义重大。据此，建议增加一条规定：侵害英雄烈士的姓名、肖像、名誉、荣誉，损害社会公共利益的，应当承担民事责任。"

江苏省淮安市检察院2018年5月21日针对当地居民曾某污蔑消防队员谢勇烈士的行为，提起侵犯英烈名誉权的民事公益诉讼。据介绍，这也是2018年5月1日《英雄烈士保护法》开始实施以来，全国首例由检察机关提起的英烈保护民事公益诉讼案件。

2021年3月1日起实施的《刑法修正案（十一）》第35条规定：在刑法第二百九十九条后增加一条，作为第二百九十九条之一："侮辱、诽谤或者以其他方式侵害英雄烈士的名誉、荣誉，损害社会公共利益，情节严重的，处三年以下有期徒刑、拘役、管制或者剥夺政治权利。"

2020年7月29日，笔者在某区人民检察院主讲"《民法典》与强化检察机关法律监督思维"，曾结合《民法典》第185条英烈保护条款讲解检察机关法律监督理念跟进更新，以加强行政公益诉讼和行政检察监督，助推法治政府建设。2021年3月29日，就英烈保护中的法律问题，笔者接受人民网记者采访，人民网法治频道2021年4月5日刊发采访稿《人民说法|英烈不容诋毁！专家解读英雄烈士保护法——加强英雄烈士保护 明确不可触碰法律红线》。2022年4月2日，就"杭州市临平区人民检察院诉陈某英烈保护民事公益诉讼案"，笔者接受人民网记者采访，人民网2022年4月6日刊发采访稿《人民说法|侵害戍边烈士名誉、荣誉将受到法律制裁》。①

老子在《道德经》第三十三章说："知人者智，自知者明。胜人者有力，自胜者强。知足者富，强行者有志。不失其所者久，死而不亡者寿。"清代学者龚自珍曾说："欲知大道，必先为史。灭人之国，必先去其史。"民族需要英雄，时代需要英雄。英雄烈士的形象、事迹和精神，是中华民族的共同历史记忆和宝贵精神财富，构成了社会公共利益的重要组成部分，是社会主义核心价值观的重要体现。《民法典》中的英烈保护条款旗帜鲜明地反对对英烈"污名化"的历史虚无主义做法，弘扬爱国主义道德风尚。

英雄是一个民族最闪亮的坐标。英雄不容亵渎，先烈不容诋毁，历史不容歪曲。《民法典》第185条有助于弘扬传承英烈精神和社会正气，矫正对英烈肆意攻击的言行，保护人们的民族意识和国家认同。

---

① 周静圆：《人民说法|侵害戍边烈士名誉、荣誉将受到法律制裁》，载人民网，http://society.people.com.cn/n1/2022/0406/c1008-32392658.html，最后访问日期：2024年3月7日。

侮辱、贬损、诋毁英雄烈士人格的不当言行，冲击了社会公众对英雄烈士的民族记忆和民族情感。而《民法典》和《英雄烈士保护法》当中相关的法律责任制度有助于矫正线上线下的不当言行，在整个社会形成崇尚先烈、尊崇英雄、弘德向善的良好风气。

英雄烈士保护条款与死者人格利益保护规则，属于特殊规则和一般规则的关系。英雄烈士保护条款未明确请求权人的范围，基于《民法典》第185条须满足损害社会公共利益的要件，可认为请求权人的范围可以有所突破。本条的请求权人应为英雄烈士的近亲属或有权提起公益诉讼的机关。死者的人格利益受到侵害时，死者的近亲属可以通过提起诉讼来请求保护。法律规定，近亲属范围包括配偶、子女、父母、兄弟姐妹、祖父母、外祖父母、孙子女、外孙子女。如果死者的近亲属也都不在世，则无法适用死者人格利益的保护规则。《民法典》对英雄烈士人格利益保护没有限定仅由他的近亲属主张和寻求救济。《英雄烈士保护法》进一步具体化，当英雄烈士人格利益被侵害时，有近亲属则近亲属可以提起诉讼，没有近亲属或者近亲属不提起诉讼的，检察机关依法提起公益诉讼，这实际上就表明保护英雄烈士人格利益不局限于他的近亲属范围。英雄烈士人格利益受到侵犯时，不宜限定保护期限。

自由和强制可以说是法律中最为经典、最为重要，甚至也是最为疑难的价值判断问题。不仅对立法者、执法者如此，对日常生活中每个公众同样如此。在对英雄烈士人格利益进行评价时，很多网友往往觉得这就是自己的言论自由，但言论自由从来都是有边界的，言论自由是法律规定下的自由，任何人不存在超越法律的自由，不存在脱离法律管制的自由。在这个过程中，边界如何把握？其实就是法律。法律的功能是定分止争，划定社会生活中人和人之间行止的边界，确定线上线下言论行为的边界。法律已经划定了红线，每个人都应有效约束自己线上线下的言论。

对于在烈士陵园放风筝是否应认定为侮辱英烈,网友看法不一。法律所规制的侵害英雄烈士人格利益的行为,主要有两类:第一类是不当言论,通过言论的方式侮辱、诽谤、歪曲、丑化、亵渎、否定英雄烈士事迹、精神和崇高人格;第二类是侵占、破坏、污损英雄烈士纪念设施,如英雄烈士的墓地、陵园、墓碑等。在烈士陵园、英烈墓地从事活动,应把握法律的边界。在英雄烈士纪念设施保护范围内不得从事有损纪念英雄烈士环境和氛围的活动。在烈士陵园从事何种活动达到何种程度涉嫌侵犯英雄烈士的人格利益?对此不能"一刀切"、简单化,而要结合行为的时间、场地、群体、内容、类型、影响等进行综合分析判断,同时应注意把握法、理、情的有机结合。在日用常行中来感知和体悟英烈保护的法律边界,需要结合社会一般生活观念、社会大多数人的认知共识来进行分析,在具体案例中感知和体悟英烈保护的法律边界在哪里。

如何做好全民普及英烈保护法律制度,矫正侵害英烈人格利益的行为?笔者认为应着重从以下三个方面推进:

第一,要在全社会形成尊崇英雄烈士的风尚。

第二,每个人都要增强法治思维和法治意识。在日常生活中,线上线下的一些言论有违道德,往往也是法律规制和矫正的对象。对侵害英雄烈士人格利益的违法行为,要坚决依法惩治,使全体人民自觉树立网络不是法外之地的观念,每个人都要对自己的言行负责。

第三,有关部门通过发布典型案例等方式,让人民群众在案例普法过程中增强保护英雄烈士人格利益的积极性和主动性。在保护英雄烈士人格利益问题上,一个案例胜过一沓文件,要通过典型案例与指导案例的发布,达到一般预防和个别预防相结合的目的。通过这些典型案例,在个案中矫正违法行为人的不当言论和不当行为,产生一般性预防的社会效果,使得公众从这些案例普法中感悟到、体会到英雄烈士人格利益保护的重要意义。2021年年初笔者在人民网采访时提出的这条建议[①]，在2022年年底得到了回应。2022年12月8日，最高人民法院发布涉英烈权益保护十大典型案例，涉及维护英烈人格利益、烈属合法权益、烈士纪念设施等。

---

① 《人民说法｜英烈不容诋毁！专家解读英雄烈士保护法——加强英雄烈士保护 明确不可触碰法律红线》，载人民网，http://society.people.com.cn/n1/2021/0405/c1008-32069798.html，最后访问日期：2023年12月30日。

死者人格利益保护

《荀子·礼论》言："礼者，谨于治生死者也。生，人之始也；死，人之终也。终始俱善，人道毕矣。故君子敬始而慎终，终始如一，是君子之道，礼义之文也。"对死者的遗产通过法律加以保护和处理，实现财富顺利传承。现代人格权法立法和司法实践也保护死者的人格利益，以维护公序良俗。《民法典》对人的关怀往前延伸到胎儿利益保护，往后延伸到死者人格利益保护。

对死者人格利益的保护存在直接保护模式（死者本身的人格权）和间接保护模式（死者近亲属的孝思追念等人格利益）。[1]自然人一旦死亡其权利能力就终止，也就不具有享有民事权利、承担民事义务的资格。民法所保护的不仅限于民事权利，还包括未法定化、权利化的合法民事利益，二者合称为民事权益。自然人死亡后不再享有民事权利，但并不意味着其民事利益也一并灭失。人格权因民事主体的死亡或者终止而消灭，自然人的人格利益在其死后仍然在一定范围内获保护，因为死者的人格利益在一定程度上体现了社会公共利益和公共道德，保护死者的人格利益是民法公序良俗原则的体现。

在我国民事司法实践中，先是在代表性案例"陈某琴诉魏某林、《今晚

---

[1] 王泽鉴：《侵权行为》，北京大学出版社2009年版，第144–148页。

报》社侵害名誉权纠纷案"中承认了对死者名誉权的保护①,进而将之上升为司法解释,将死者人格利益的保护扩张到名誉权之外的其他法定范围内的人格利益。"陈某琴诉魏某林、《今晚报》社侵害名誉权纠纷案"(也被称为"荷花女案")基本案情如下:

陈某琴系新中国成立前已故艺人吉文贞(艺名"荷花女")之母。魏某林创作完成了名为《荷花女》的小说并在《今晚报》副刊上连载刊登完毕,《荷花女》使用了吉文贞的真实姓名及其艺名,在有些章节中仅根据一些传闻及当时旧报上的消息进行了虚构。原告陈某琴向法院起诉,认为魏某林未经原告同意在其创作发表的小说《荷花女》中故意歪曲并捏造事实,侵害了已故艺人吉文贞和原告的名誉。《今晚报》未经审查刊登该小说,当原告先后两次要求其停止刊载时均遭到拒绝;报社所作《荷花女》小说的插图也有损吉文贞形象,其肖像权也受到侵害,故要求被告魏某林及《今晚报》社赔礼道歉并赔偿原告因此而受到的经济损失。最高人民法院1989年4月12日〔1988〕民他字第52号《关于死亡人的名誉权应受法律保护的函》指出,吉文贞死亡后,其名誉权应依法保护,其母陈某琴亦有权向人民法院提起诉讼。

对死者名誉权的保护,康德曾经说过:"一个人死了,从法律的角度看,他不再存在的时候,认为他还能够占有任何东西是荒谬的,如果这里所讲的东西是指有形物的话。但是,好名声却是天生的和外在的占有(虽然这仅仅是精神方面的占有),它不可分离地依附在这个人身上。"②《最高人民法院关于审理名誉权案件若干问题的解答》(法发〔1993〕15号)第5条规定:

---

① 《陈某琴诉魏某林、〈今晚报〉社侵害名誉权纠纷案》,载《最高人民法院公报》1990年第2期。
② [德]康德:《法的形而上学原理——权利的科学》,沈叔平译,商务印书馆1991年版,第118页。

"……死者名誉受到损害的，其近亲属有权向人民法院起诉。近亲属包括：配偶、父母、子女、兄弟姐妹、祖父母、外祖父母、孙子女、外孙子女。"[1]

1996年11月，浙江省邮票局制作、发行2000套《纪念鲁迅诞辰115周年纯金纯银邮票珍藏折》，每册售价1115元。周海婴以被告侵犯"鲁迅肖像权"为由在全国范围内首次提起关于"逝者肖像权"的诉讼（"鲁迅肖像权纠纷案"）。与此类似，《最高人民法院关于周海婴诉绍兴越王珠宝金行侵犯鲁迅肖像权一案应否受理的答复意见》指出："公民死亡后，其肖像权应依法保护。任何污损、丑化或擅自以营利为目的使用死者肖像构成侵权的，死者的近亲属有权向人民法院提起诉讼。"[2]肖像权不属于遗产，不能被继承。肖像权人死亡之后，其所享有的肖像权也随之消灭，不存在对死者肖像权的保护。但以侮辱、诽谤、贬损、丑化或者违反社会公共利益、社会公德的其他方式，侵害死者肖像，死者的近亲属有权请求赔偿精神损害。

《最高人民法院关于确定民事侵权精神损害赔偿责任若干问题的解释》（法释〔2001〕7号）第3条规定："自然人死亡后，其近亲属因下列侵权行为遭受精神痛苦，向人民法院起诉请求赔偿精神损害的，人民法院应当依法予以受理：（一）以侮辱、诽谤、贬损、丑化或者违反社会公共利益、社会公德的其他方式，侵害死者姓名、肖像、名誉、荣誉；（二）非法披露、利用死者隐私，或者以违反社会公共利益、社会公德的其他方式侵害死者隐私；（三）非法利用、损害遗体、遗骨，或者以违反社会公共利益、社会公德的其他方式侵害遗体、遗骨。"[3]

---

[1] 此解释已失效。

[2] 《最高人民法院关于周海婴诉绍兴越王珠宝金行侵犯鲁迅肖像权一案应否受理的答复意见》，载最高人民法院数字图书馆，http://eastlawlibrary.court.gov.cn/court-digital-library-search/page/fullTextSearch/lawNReguDetail.html?id=139861，最后访问日期：2024年5月24日。

[3] 此解释已于2020年进行了修正。

对死者人格利益的保护有着严格的要求，受保护的姓名、肖像、名誉、隐私等人格利益的范围也受到严格限制，对死者人格利益的保护期限还受到以死者近亲属为标准的期限限制①，其限制仅及于死者近亲属对死者的孝思追念之情。《民法典》第185条和《英雄烈士保护法》第25条对英雄烈士人格利益的保护期限不限于其近亲属范围。

社会生活和司法实践推动法律的发展。《民法典》第994条系统规定死者人格利益保护："死者的姓名、肖像、名誉、荣誉、隐私、遗体等受到侵害的，其配偶、子女、父母有权依法请求行为人承担民事责任；死者没有配偶、子女且父母已经死亡的，其他近亲属有权依法请求行为人承担民事责任。"

"屈平辞赋悬日月，楚王台榭空山丘。"物质财富易逝，精神文化财富长存。根据《著作权法》第22条的规定，作者的署名权、修改权、保护作品完整权的保护期不受限制。《著作权法实施条例》第15条第1款规定："作者死亡后，其著作权中的署名权、修改权和保护作品完整权由作者的继承人或者受遗赠人保护。"

"死去元知万事空"，但基于公序良俗原则和文化传承等目的，对死者的特定人格利益（而非人格权）和特定著作人身利益应该给予延伸保护。

---

① 杨仁寿：《法学方法论》，中国政法大学出版社1999年版，第3—10页。

遗产管理人

遗产管理人制度是《民法典》继承编的新增规定和最大亮点。"为确保遗产得到妥善管理、顺利分割，更好地维护继承人、债权人利益"[1]，借鉴破产管理人制度，《民法典》增加规定了遗产管理人制度，明确了遗产管理人的产生方式、职责和权利等内容。《民事诉讼法》在"特别程序"中增加规定"指定遗产管理人案件"。"遗产管理人是指经遗嘱指定或者法院指定等方式产生，以实现遗嘱内容为目的的民事主体，具有独立于被继承人和继承人的法律地位。"[2]

《民法典》第1145条规定："继承开始后，遗嘱执行人为遗产管理人；没有遗嘱执行人的，继承人应当及时推选遗产管理人；继承人未推选的，由继承人共同担任遗产管理人；没有继承人或者继承人均放弃继承的，由被继承人生前住所地的民政部门或者村民委员会担任遗产管理人。"

死者无继承人时，其遗产的管理问题一直是《继承法》上的难题，死者无法定继承人或者遗嘱继承人时，死者的债权人"无人可诉"，难以对遗产主张权利。《民法典》首次规定在死者没有继承人或者继承人均放弃继承时由

---

[1] 王晨：《关于〈中华人民共和国民法典（草案）〉的说明》，载中国人大网，http://www.npc.gov.cn/npc/c2434/dbdh13j3c/dbdh13j3c007/202005/t20200523_306322.html，最后访问日期：2023年12月30日。

[2] 王葆莳、吴云焜：《〈民法典〉遗产管理人制度适用问题研究》，载《财经法学》2020年第6期，第51页。

被继承人生前住所地的民政部门或者村民委员会担任遗产管理人,有效破解了债权人"无人可诉"的现实难题。在死者无其他继承人时,由其生前住所地的民政部门或者村民委员会担任遗产管理人,处理其"身后事",有助于保护相关权利人的利益,符合公职部门维护公共利益的定位。①《民法典》第1160条规定:"无人继承又无人受遗赠的遗产,归国家所有,用于公益事业;死者生前是集体所有制组织成员的,归所在集体所有制组织所有。"没有继承人或者继承人均放弃继承的,由被继承人生前住所地的民政部门或者村民委员会担任遗产管理人,被继承人生前住所地的居民委员会不能担任遗产管理人。遗产管理人不是专门替国家接管无主财产的部门。

《民法典》实施之后,各地陆续出现民政部门被确定为遗产管理人的案例。"在民政部门担任遗产管理人的方式上,我国《民法典》未规定需以经过诉讼程序为前提条件,民政部门可以依职权或依申请担任遗产管理人,也可以接受人民法院的指定担任遗产管理人。"②

在2021年11月4日《天津高院发布贯彻实施民法典家事审判典型案例》之二"刘某申请指定天津市河北区民政局为徐某遗产管理人案"中,债务人名下遗留数处房产,死亡后遗产处于无继承人的状态。债权人向法院提起申请,要求指定天津市河北区民政局作为债务人的遗产管理人,由天津市河北区民政局管理债务人遗产并以该遗产偿还其债务。③

《民法典》实施后的"上海浦东法院首例指定民政部门担任遗产管理人案"中,买房后原房主还没办理过户就去世了,也没有继承人,余下手续怎

---

① 《刘某申请指定天津市河北区民政局为徐某遗产管理人案》,载天津法院网,https://tjfy.tjcourt.gov.cn/article/detail/2021/11/id/6366280.shtml,最后访问日期:2024年3月7日。

② 富大鹏、刘剑波、毛林宣等:《北京市民政局〈民政部门担任遗产管理人工作指引〉解读》,载《中国民政》2021年第24期,第53页。

③ 《天津高院发布贯彻实施民法典家事审判典型案例》,载天津法院网,https://tjfy.tjcourt.gov.cn/article/detail/2021/11/id/6349420.shtml,最后访问日期:2024年3月7日。

么办？买房人提起特别程序之诉，请求指定原房主生前住所地的民政局为遗产管理人，以便启动遗产处理事宜，打破遗产处理僵局。[①]

2022年11月2日媒体报道一起"老人离世无继承人遗产归国家案"：上海一位老人一生未婚，无儿无女，父母过世，一直独自居住。三位旁系亲属（堂妹、姑姑、表弟）表示对老人尽到了主要赡养义务，希望分得遗产，但均未提供相应证据，法院认为三人与老人都属于一般的亲戚朋友之间的日常往来，达不到对老人扶养较多的程度，老人也不是集体所有制组织成员，因此判决老人遗产属于无人继承又无人受遗赠的遗产，归国家所有，由当地民政部门担任遗产管理人，将其用于公益事业。

《民法典》第1131条规定，继承人以外的对被继承人扶养较多的人，可以分给适当的遗产，这体现了民事权利、义务、责任协调统一的法治思维，引导人们成为敬老爱老、积极利他的伦理人。

遗嘱执行人为遗产管理人，但遗产管理人不简单等同于遗嘱执行人，遗产管理人也可以由遗嘱执行人之外的他人担任。遗产管理人不简单等同于遗产继承人，继承人有可能担任遗产管理人，但能够担任遗产管理人的不局限于继承人。

遗产管理人享有实体权利和程序权利。产生方式不同，遗产管理人所享有的权利也不尽相同。"对于遗产管理人制度不明确之处，可类推适用总则编关于代理和合同编关于委托合同的规定，结合遗产管理人的实际情况解释适用。"[②]

[①] 曹赟娴：《〈民法典〉中遗产管理人制度是什么？这起案件告诉你！》，载上海高院微信公众号，https://mp.weixin.qq.com/s/6MGGZNzS7ms45VbWsBiQQw?scene=25#wechat_redirect，最后访问日期：2023年12月30日。

[②] 王葆莳、吴云燧：《〈民法典〉遗产管理人制度适用问题研究》，载《财经法学》2020年第6期，第51页。

遗产管理人的法定职责主要包括清理保管遗产、处理债权债务和分割遗产等。《民法典》第1147条规定："遗产管理人应当履行下列职责：（一）清理遗产并制作遗产清单；（二）向继承人报告遗产情况；（三）采取必要措施防止遗产毁损、灭失；（四）处理被继承人的债权债务；（五）按照遗嘱或者依照法律规定分割遗产；（六）实施与管理遗产有关的其他必要行为。"

《民法典》第1148条规定："遗产管理人应当依法履行职责，因故意或者重大过失造成继承人、受遗赠人、债权人损害的，应当承担民事责任。"第1149条规定："遗产管理人可以依照法律规定或者按照约定获得报酬。"

应当协调《民法典》第1148条和第1149条之间的关系。第1149条明确遗产管理可以是有偿的。应当根据遗产管理的有偿与无偿区分遗产管理人的民事责任，对《民法典》第1148条作目的性限缩解释。提供无偿遗产管理服务的遗产管理人承担民事责任的，主观上应出于故意或者重大过失；提供有偿遗产管理服务的遗产管理人承担民事责任的，只要存在过错即可。

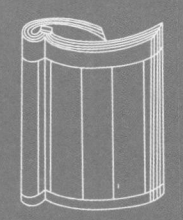

第五章

《民法典》的大道初心

《民法典》的大道初心

"对于一个法律时代的风格而言,重要的莫过于对人的看法,它决定着法律的方向。"[①]法不远人,民法是人法,民法的理念是人文关怀,《民法典》是以人为本的法。"人民的福祉是最高的法律",《民法典》的大道初心是人文关怀理念与自由之精神。法律易变,法理长存。万变不离其宗,在学习理解《民法典》、切实推动《民法典》实施过程中,溯本求源《民法典》的大道初心,有助于我们在复杂多变的时代中岿然不动、处变不惊、以不变应万变。

一、《民法典》是以人为本的法

《民法典》关乎人们的日用常行,生活无处不民法,人生无时不民法。宣传、推进、保障《民法典》实施要始终注意以人为中心。"天地之性人为贵。"《论语·乡党》:"厩焚。子退朝,曰:'伤人乎?'不问马。"法律服务于人,人是所有法律的中心,"人者,天地之心"。法律由人立,法律为人立。法律增进人民福祉、维护最广大人民的根本利益。孟德斯鸠说:"在民法慈母般的眼中,每一个个人就是整个国家。"民法始终带着对世道人心的温柔注

---

① [德]古斯塔夫·拉德布鲁赫:《法律智慧警句集》,舒国滢译,中国法制出版社2001年版,第141页。

视，我们始终生活在民法温柔的目光里。我国《民法典》全文106984个字，其中有3927个"人"字。在《民法典》中，人本身就是目的。《民法典》飞入寻常百姓家。《民法典》通过尊重人的尊严、关心人的发展，实现以人为本。《民法典》也正是要从细微处纾解人们的懊恼和愁苦，增进人们的欢喜和快乐。人文关怀理念以促进人的自由全面发展为宗旨，充分保障人的自由和尊严，对社会特殊群体给予特殊关爱。《民法典》充分贯彻人文关怀理念，在调整对象问题上将人身关系放到财产关系之前加以规定，还将人格权法独立成编。人格权在民事权利体系中居于首要地位，人格权制度的目的主要是维护人格自由和尊严，促进人的全面发展，而这些目标又构成民法的人文关怀这一终极价值，人格权的勃兴发展最集中地表现了民法人文关怀的发展趋势。人格权法独立成编是我们法治经验的总结，符合《民法典》注重人文关怀的发展趋势。居住权、房屋承租人的优先承租权有助于满足人民多样化的住房需求，助力实现住有所居、居有所安，生动体现了《民法典》调整财产关系时的人文关怀光芒和以人为本理念。

以人为本理念体现了民法的人法品格，也是人文关怀的当然要求。以人为本理念不是将个人培养成为个人主义者或者精致的利己主义者。个人主义强调个人自身的利益，不是我国《民法典》的指导理念。以人为本理念强调每个人的利益，是我国《民法典》的指导理念。《民法典》中的人都以自身为目的，也尊重他人，都以他人为目的。人是个体的存在，也是社会的、历史的存在。现代民法文化不仅培养依法积极理性为权利而斗争的人，还培育与人为善、以和为贵、宽容礼让、友善和睦、团结合作、代际友好的人，这同时也是在培育良好的公民素养。民主、文明、和谐、自由、平等、诚信、友善等都是我国《民法典》处理人与人之间关系的立法哲学。互尊互信、团结互助的友善待人之道是《民法典》内在价值体系的重要内容。

二、《民法典》加强对社会特殊群体的人文关怀

对社会特殊群体尊重和保障的程度可以显示出一个国家或者地区法律人文关怀、法治文明的水平和境界。"老有所终，壮有所用，幼有所长，鳏寡孤独废疾者，皆有所养。"《民法典》总则编强调对未成年人、老年人、残疾人、妇女、消费者等的民事权利进行特别、倾斜保护，吸纳了"弱式意义上平等对待"的平等新内涵，彰显了民法人文关怀的理念。《民法典》婚姻家庭编进一步强调保护妇女、未成年人、老年人和残疾人的合法权益，强调家庭成员应当敬老爱幼、互相帮助，对婚姻家庭生活关系中特殊群体给予特殊关爱，也是民法人文关怀理念的重要体现。

《民法典》对人的关怀往前延伸到胎儿，保护胎儿遗产继承、接受赠与、侵权损害赔偿等利益，是尊重生命和生命平等法治理念的体现。《民法典》降低限制民事行为能力的年龄下限，更好地尊重未成年人的自主意识、拓展其自我决定的机会。在以家庭监护为原则、社会监护为补充和国家监护为兜底的多元监护体系外，《民法典》还规定因发生突发事件等紧急情况，监护人暂时无法履行监护职责时，被监护人住所地的居民委员会、村民委员会或者民政部门应当为被监护人安排必要的临时生活照料措施。临时生活照料措施制度有助于实现对被监护人细致入微的关爱。《民法典》要求监护人履行监护职责时要充分尊重未成年被监护人的真实意愿，体现未成年人利益最大化。《民法典》还增加了对未成年人遭受性侵害的损害赔偿请求权诉讼时效特别保护规定，对未成年子女确定离婚直接抚养人时应当尊重八周岁以上未成年子女的真实意愿，收养八周岁以上未成年人的应当征得被收养人的同意，这些都体现了对未成年人合法权益特殊、优先保护的人文关怀理念。社会公共利益中包含着社会特殊群体利益，未成年人利益属于社会公共利益，是全社

会的共同关切。

"老者安之,朋友信之,少者怀之。""颁白者不负戴于道路矣。"《民法典》扩大了成年人监护的范围,不限于无民事行为能力或者限制民事行为能力的成年人,老年人和其他成年障碍患者也可以通过意定监护制度得到保护,以实现老有所养,充分体现《民法典》的人文关怀理念。居住权制度在保障老年人住有所居、居有所安的同时,使得老年人可以提前享受房屋的交换价值,充分发挥房屋的效用,为老年人以房养老提供法律保障。子游问孝,子曰:"今之孝者,是谓能养。至于犬马,皆能有养。不敬,何以别乎?"《民法典》中成年子女对父母的赡养义务,既包括物质赡养,又包括精神赡养,保障老年人获得精神慰藉,更是敬老美德的法律化。《民法典》婚姻家庭编将"敬老爱幼"作为基本价值取向,立法用语并未使用"尊老爱幼""养老爱幼"等,这弘扬了儒家传统孝道文化中"敬"的内核,"孝"则是中国传统家文化的核心,"敬"和"养"共同构成了"孝"的内涵。

三、《民法典》充分保障人的自由和尊严

《民法典》尊重民事主体从事民事活动的自主自愿,充分保护人身自由和人格尊严。《民法典》自愿原则对应"法不禁止即自由"的法治思维和日常法谚,是社会主义核心价值观中自由的民法表达。理解"法不禁止即自由"的关键是妥当界定"法"的范围。"法不禁止即自由"中的"法"既包括法律的具体规则,也包括法律的基本原则;既包括法律,也包括不违背公序良俗原则的习惯。民事主体的自由不以侵害他人合法民事权益为代价,不以损害国家利益或者社会公共利益为代价。公权力在限制和保障民事主体自由时,须遵循"法无授权不可为""法定职责必须为",这也是负面清单治理模式在《民法典》上的有益体现。"法无授权不可为""法定职责必须为"法治思维

中的"法"不限于行政法等公法法律部门，《民法典》天然构成"法无授权不可为""法定职责必须为"的边界。《民法典》当然是行政法定原则中"法"的重要组成部分。

《民法典》所保障的民事主体的自主自愿不是绝对的，要受诚信、公序良俗、绿色原则等的必要限制。友善和睦、团结民主、生态文明构成对自愿原则的必要补充，避免在市场经济生活和伦理家庭生活领域造就"无公德的个人"、孤立的个人或者短视的个人，充分还原整体中个人的面目，在整体和个人间实现更好互动，在个体自由发展外，更好实现人际互助关爱、团体自由发展和代际公平正义。善良的心是最好的法律。《民法典》中的紧急救助免责制度、团体自治中的决议制度、赠与人的任意撤销权制度、好意同乘损害减责制度、绿色原则及其具体化等，都表达了《民法典》视野中的"全人"形象，在自愿主导和强制辅助的调整方法之外，展现了《民法典》宽容、鼓励和必要引导等多元化的调整方法，有助于更充分激发人性中的善。

《民法典》通过确认和保障民事权利，保障人的自由和尊严，努力满足人民群众对美好幸福生活的向往，充分体现我们党增进人民福祉、维护最广大人民根本利益的不变初心。《民法典》的理想社会也正是诚实生活、毋害他人、各得其所、各尽所能、各安其分、自主选择、利益均衡、和谐相处，以实现人民甘其食、美其服、安其居、乐其业。

《民法典》中民为邦本的文化情怀

2022年10月15日，笔者参加中国政法大学证据科学研究院活动，主讲"《民法典》的大道初心"。笔者主要讲解三个问题：一是《民法典》的人法品格；二是《民法典》人法品格与民为邦本思想；三是《民法典》人法品格与以人民为中心思想。第一个问题解答《民法典》大道初心是什么，后两个问题解答《民法典》大道初心从哪里来。2022年10月31日，笔者参加中国政法大学"青椒思政小课堂——请党放心·强国有我"专题系列讲座第一讲，主讲"十年法治回望 《民法典》的大道初心"，在讲解上述三个问题之前，增加讲解《民法典》编纂是十年法治建设取得的重要成就。

《民法典》是人法，是以人为本的法。《民法典》的大道初心是人文关怀理念与自由之精神。《民法典》的人法品格是民为邦本这一中华优秀传统文化的创造性转化、创新性发展，是中华优秀传统文化的精髓之一，具有鲜明的时代价值，是以人民为中心思想的民法表达。《民法典》中的人是古今中外民法思想、民法文化和民法制度的共同关注。民为邦本和以人民为中心是《民法典》法治文化的重要内容。

中华优秀传统文化有重民本的思想精华。《尚书》有言："民惟邦本，本固邦宁。"《论语》记载："厩焚。子退朝，曰：'伤人乎？'不问马。"《中庸》记载："道不远人。人之为道而远人，不可以为道。"《孟子》云："民为贵，社稷次之，君为轻。"朱熹曾经说："国以民为本，社稷亦为民而立。"《孝经》有言："天地之性人为贵。"《礼记》言："人者，天地之心也"。

文化是一个国家、一个民族的灵魂和精神家园。习近平总书记将中华优秀传统文化概括为"中华民族的根与魂""中华民族的精神命脉""中华民族最基本的文化基因"。习近平总书记指出："中华民族在几千年历史中创造和延续的中华优秀传统文化，是中华民族的根和魂。""要敬畏历史、敬畏文化、敬畏生态。"[①]习近平总书记把中华优秀传统文化的时代价值概括为"讲仁爱、重民本、守诚信、崇正义、尚和合、求大同"六个方面，我们要"推动中华优秀传统文化创造性转化、创新性发展"。习近平总书记在庆祝中国共产党成立100周年大会上明确指出，"坚持把马克思主义基本原理同中国具体实际相结合、同中华优秀传统文化相结合"[②]。根据教育部《高等学校课程思政建设指导纲要》（教高〔2020〕3号）的规定，培育和践行社会主义核心价值观、加强中华优秀传统文化教育，都是课程思政建设的内容重点。[③]

中共中央办公厅、国务院办公厅于2017年1月印发《关于实施中华优秀传统文化传承发展工程的意见》，该意见要求："加大涉及保护传承弘扬中华优秀传统文化法律法规施行力度，加强对法律法规实施情况的监督检查。""加强法治宣传教育，增强全社会依法传承发展中华优秀传统文化的自觉意识，形成礼敬守护和传承发展中华优秀传统文化的良好法治环境。"

《民法典》既传承我国优秀的法律文化传统，又借鉴外国立法的有益经

[①] 林晖、周玮、施雨岑等：《习近平的文化情怀》，载新华网，http://www.news.cn/politics/leaders/2022-05/11/c_1128641290.htm，最后访问日期：2023年12月30日。

[②] 习近平：《在庆祝中国共产党成立100周年大会上的讲话》，载《求是》2021年第14期，第10页。

[③] 课程思政建设的内容重点包括：推进习近平新时代中国特色社会主义思想进教材进课堂进头脑、培育和践行社会主义核心价值观、加强中华优秀传统文化教育、深入开展宪法法治教育、深化职业理想和职业道德教育。

验。中华优秀传统文化是中华民族最基本的文化基因。中华优秀传统文化的不少思想精华与民法的理念和原则是相通的。解释论视野下探讨《民法典》中的中华优秀传统文化元素，大多属于与法律规范的设计和适用不直接相关的纯粹民法学问题中的解释选择问题。挖掘和传承包括中华优秀传统法律文化在内的中华优秀传统文化的时代价值，诠释《民法典》的民族性和历史感，可以厚植《民法典》的历史底蕴、文化底蕴，用《民法典》激活中华优秀传统文化的生命力，唤醒中国人民最深厚的文化基因，推动中华优秀传统文化创造性转化、创新性发展，延续民族文化血脉，赓续中华文脉，增强历史自信、文化自觉，培养德法兼修的高素质法治人才，建设社会主义文化强国。

2021年7月23日，笔者为某教育局初中思政课教师学科新课程新课标培训班主讲"中华优秀传统文化在《民法典》中的创造性转化"，2022年5月19日笔者为甘肃政法大学纪念《民法典》颁布两周年系列讲座第一讲、丝路法学大讲堂第八十三讲主讲同一题目。

《民法典》中有民为邦本（重民本）的文化情怀。《民法典》编纂"两步走"的过程中都体现了对中华优秀传统文化思想精华的汲取。原《民法总则》立法过程中，"既传承我国优秀的法律文化传统，又借鉴外国立法的有益经验。中华优秀传统文化的思想精华，包括讲仁爱、重民本、守诚信、崇正义、尚和合、求大同等核心思想理念，与民法的理念和原则是相通的。制定民法总则，必须坚定文化自信，深入挖掘和传承包括中华法律文化在内的中华优秀传统文化的时代价值，让我们的民法总则体现鲜明的民族性。同时，要有世界眼光，善于学习外国的立法经验，借鉴人类法治文明成果，但决不照搬外国法治理念和模式"[①]。2016年7月5日全国人大常委会法制工作委员

[①] 李建国：《关于〈中华人民共和国民法总则（草案）〉的说明——2017年3月8日在第十二届全国人民代表大会第五次会议上》。

会公布《民法总则（草案）》，在该草案所附说明中，立法机关指出："要将社会主义核心价值观融入民法典编纂全过程，弘扬中华民族传统美德，强化规则意识，增强道德约束，倡导契约精神，维护公序良俗。"①2016年10月10日，时任中共中央政治局常委、全国人大常委会委员长张德江在主持召开民法总则草案座谈会时指出："要弘扬社会主义核心价值观，汲取中华传统文化精华，让民法典扎根于中国的社会土壤，体现中华民族的'精气神'。"②《民法典》编纂过程中，"坚持依法治国与以德治国相结合，注重将社会主义核心价值观融入民事法律规范，大力弘扬传统美德和社会公德，强化规则意识，倡导契约精神，维护公序良俗"③。

以人民为中心的发展思想是对民为邦本思想的传承和发展。习近平总书记指出："时代是出卷人，我们是答卷人，人民是阅卷人。"④民心是最大的政治。"历史充分证明，江山就是人民，人民就是江山，人心向背关系党的生死存亡。"⑤党的二十大报告指出，开辟马克思主义中国化时代化新境界，必须坚持人民至上。"中国共产党领导人民打江山、守江山，守的是人民的心。治国有常，利民为本。"⑥《民法典》编纂和实施过程中都坚持以人民为中心。

---

① 《关于〈中华人民共和国民法总则（草案）〉的说明》，载中国人大网，http://www.npc.gov.cn/zgrdw/npc/lfzt/rlyw/2016-07/05/content_1993422.htm，最后访问日期：2024年5月23日。

② 《张德江主持民法总则草案座谈会强调：切实担当起编纂民法典的历史使命》，载中国共产党新闻网，http://cpc.people.com.cn/n1/2016/1011/c64094-28766981.html，最后访问日期：2024年5月24日。

③ 王晨：《关于〈中华人民共和国民法典（草案）〉的说明》，载中国人大网，http://www.npc.gov.cn/npc/c2434/dbdh13j3c/dbdh13j3c007/202005/t20200523_306322.html，最后访问日期：2023年12月30日。

④ 《习近平在学习贯彻党的十九大精神研讨班开班式上发表重要讲话》，载中国政府网，http://www.gov.cn/zhuanti/2018-01/05/content_5253681.htm，最后访问日期：2023年12月30日。

⑤ 习近平：《在党史学习教育动员大会上的讲话》，载《求是》2021年第7期，第11页。

⑥ 习近平：《高举中国特色社会主义伟大旗帜　为全面建设社会主义现代化国家而团结奋斗——在中国共产党第二十次全国代表大会上的报告》，人民出版社2022年版，第46页。

坚持以人民为中心是《民法典》编纂工作遵循和体现的基本原则之一。"坚持以人民为中心，以保护民事权利为出发点和落脚点，切实回应人民的法治需求，更好地满足人民日益增长的美好生活需要，充分实现好、维护好、发展好最广大人民的根本利益，使民法典成为新时代保护人民民事权利的好法典。"①

《民法典》实施过程中也要坚持以人民为中心。实施好《民法典》是坚持以人民为中心、保障人民权益实现和发展的必然要求。习近平总书记强调："实施好民法典是坚持以人民为中心、保障人民权益实现和发展的必然要求。""民法典专业术语很多，要加强解读……阐释好民法典关于坚持主体平等、保护财产权利、便利交易流转、维护人格尊严、促进家庭和谐、追究侵权责任等基本要求……"②

---

① 王晨：《关于〈中华人民共和国民法典（草案）〉的说明》，载中国人大网，http://www.npc.gov.cn/npc/c2434/dbdh13j3c/dbdh13j3c007/202005/t20200523_306322.html，最后访问日期：2023年12月30日。

② 习近平：《充分认识颁布实施民法典重大意义　依法更好保障人民合法权益》，载《求是》2020年第12期，第6页、第9页，这是习近平总书记2020年5月29日在十九届中央政治局第二十次集体学习时的讲话。

民法致力于培养什么人

2019年3月，笔者接受中国政法大学学生会创意传媒中心学生记者采访，采访稿《府学路札记 | 王雷老师专访：民法的大道初心》于2019年4月14日在中国政法大学学生会公众号刊发。本书将该采访稿录于此，并更换新标题，以示笔者心目中民法的理想社会样态和民法致力于培养的人的形象。

一

问：我们在学习民法时，对于遇到的不同老师和不同作者的观点应该怎么处理？老师认为除抓住课堂的时间还应该在课下进行哪些方面的学习？

法律思维的核心特征在于规范性、证据性和价值性。法律思维体现法律的价值取向，是对利益关系、利益冲突的取舍或者排序。法律适用者心中应当始终充满正义，目光不断往返流转于规范与事实之间，实现法、理、情的有机结合。法律"定分止争"的功能，既有事先预防纠纷的面向，也有事后解决纷争的面向。当前中国处于社会转型期，利益关系多元，矛盾冲突和利益纠纷复杂，民法应该承担其有效规范、调整平等民事主体之间的利益关系，预防和化解利益冲突的功能。

要注意法学"知识"和民法学"知识"的层次。法学知识一般包括法律理念、法律规范和法律思维。民法学是以现行民法秩序为基础及界限，借以探求民法问题之答案的实用学问。作为以民法为研究对象的理论体系，民法学主要包括民法基础知识（民法教义学）和民法原理（民法哲学）与民法学方法。学习研究民法应该力求将民法基础知识和相应的民法原理与民法学方法做适当的融合，在梳理民法基础知识"是什么"的前提下，探索其背后"为什么"的民法原理并兼及"怎么样"的民法学方法。在"民法典时代"和网络信息时代，民法学习聚焦的不是碎片化知识，而是体系化知识、法典化思想和法典化方法。本科民法学习应该以民法基础知识为主，但也要意识到民法原理和民法学方法的进阶。

研究生学习不是重复本科期间已经掌握的基础知识，不是对本科应当掌握内容的补课，而是对既有知识的反思、提高和升华，其形式更多表现为专题式学习。要注意从问题出发，以问题为导向进行思考。不要过度以部门法为导向作僵硬的科际划分，对交叉学科问题的研究有助于知识的融会贯通。生活从来不是以部门法"泾渭分明"的形式展现的，生活中的矛盾纠纷往往是复杂交织的。对交叉学科问题的发现和解决，也有助于弥补本科期间所形成的各个部门法基础知识的盲点。要破除狭隘的、宏观的交叉学科研究方法，注意从小处着手，学科的交叉可以是民法和商法的交叉、民事实体法与民事程序法的交叉，也可以是民法内部财产法和身份法的交叉。

中国法学知识、思想和方法日新，我们需要抚今追昔、畅想未来。我们要注意对既有"通说"观点进行反思和升华，回观"通说"的生成方式，探究知识的来龙去脉，致力于回答中国法学知识从哪里来的问题。还要注意通说之外的"有力说"，展望新的"有力说"的未来，努力向未知领域探索，展望中国法学知识向何处去的问题。

需要注意民法教学和学习中的方法问题，充分发挥实事求是、主观能动、普遍联系、永恒发展、对立统一、普遍特殊、主次矛盾、质量互变、辩证否定等思想资源的解释力。一方面，要注意抽象和具体有机结合的方法，如抽象理论的体系化和概念术语的类型化、以请求权规范基础为主的具体案例具体分析方法等。没有对象就没有方法,如王轶教授所言,要注意类型区分民法问题和纯粹民法学问题,区分事实判断问题、价值判断问题、解释选择问题、立法技术问题和司法技术问题等。体系化是《民法典》的生命,《民法典》必须贯彻形式意义上的体系强制和实质意义上的体系强制。民法的基本原则表达了民法上最重要的价值取向,是构建民法的内在价值体系的依据,代表了民法的价值面向。民事法律关系是民事立法体系构建的"中心轴",它从立法技术的角度提供了构建民法的外在规则体系的依据,代表了民法的规范面向。民事法律事实是对生活世界的解释、描述、想象,代表了民法的事实面向。法律适用者心中应当始终充满正义,目光不断往返流转于规范与事实之间。民法基本原则展现了司法三段论过程中法律适用者心中的正义追求,民事法律关系指引我们对司法三段论大前提法律规范的寻找、解释和完善,民事法律事实则指向司法三段论小前提案件事实的形成。另一方面,还要注意培育人文素养,陶冶平等待人、尊重他人、宽容平和的情怀和对特殊群体的深切关爱,实际上,法的命令又何尝不是"成为一个人,并尊敬他人为人"?民法通过尊重人的尊严、关心人的发展,实现以人为本,民法也正是要从细微处纾解人们的懊恼和愁苦,增进人们的欢喜和快乐。像王利明教授所讲的那样,学习和研究民法要始终注意以人为中心,以促进人的自由全面发展为宗旨,充分保障人的自由和尊严,对社会特殊群体给予特殊关爱,始终重视民法的人文关怀,立法也要以人文关怀的理念指导民法体系的构建。

要本着"拿来主义"的态度,"六经注我",而非"我注六经"。要辩证看待古今中外,辩证看待比较法理论,不盲目作学说继受,要注意中国问题、中国学问和中国气派,注重如何立足中国实际,解决中国法治问题,注意构建对中国问题和人类共同面对问题有解释力的中国民法学学科体系和话语体系。"法比较的基础在于某一实定法秩序的解答，经常是针对一般的，会以相同或类似方式出现于全部法秩序中的法律问题提供答案。"比较分析方法能帮助我们在研究中国问题时具备开阔实用的世界眼光。但有解释力的、说服力的比较分析不能局限于制度比较，更要去探索功能比较、动态比较和文化比较，这些是比较分析中易被忽略但非常重要的方法。我们也不能唯哪个国家或者地区的民事立法是尚。有时候我们需要去辩证反思，我们看到的是胜利的曙光、黎明的晨曦，还是没落世界晚霞的映照？

二

问：对于学习法学的人，法条无疑至关重要。那么，在我们刚刚接触民法的时候，应该怎样对待和学习法条呢？

法条是法律规范性思维的核心展现。要尊重立法者、尊重法律权威，注重法律人的团结协作，要本着最大善意理解立法者在实定法中体现的价值判断结论。批立法者易，当立法者难。关注现行法，也要注意法律的发展。要善于提供建设性意见，破立结合，不仅对法律草案提出问题，还要提出解决问题的切实方案。

民法教义学体系主要是指对具体民法制度的法律解释和体系化，还包括进一步发掘相关民法制度的法理基础（法哲学基础）。民法教义学体系以解释论为主，但也兼及立法论，要对民事法律制度进行发现、归类、解释和完善，要本着最大善意将实定法条文尽可能解释得有意义。例如，从完善民法找法和法律解释方法本身出发，在参照适用/类推适用和补充适用之间，找法用法方法给法官带来的自由裁量权越小，就越具有正当性和说服力。体系解释方法应该本着由近及远、由小到大的原则展开，不能动辄在民法各部门法之间穿梭游弋。

三

问：民法这门学科，很少会有正确的答案。那到底应该如何检验自己学习的效果呢？又应该以什么态度看待平时学习的内容和期末考试？

法不远人。民法是人法，民法是"以人为本"的法。民法的初心是人文关怀理念和自由之精神，这也是"以不变应万变""万变不离其宗"的民法大道。法律易变，法理长存。法不阿贵，功不唐捐。在法学的学习中，溯本求源有助于我们在多变的时代中岿然不动、处变不惊、以不变应万变。民法培养依法积极理性为权利而斗争的人，这同时也是在培育良好的公民素养。冯友兰先生曾指出，民主政治的根本精神，就是把人当成人，不把人当成工具。民主的教育，是要教育出独立自主的人。每一个人遇事都有他自己的判断。他不为别人的工具，也不以别人为工具。他遇事只管对不对，不管刺激不刺激。这是教育的理想，也是所谓学力工夫的功用。

要探索和逐渐形成自己的学习和研究方法，形成自己的知识框架和分析问题的框架，这能妥当安放自己对理论和实践问题的疑问并真正有效克服对知识的"遗忘"。相对而言，本科阶段的学习更多是知识指向，研究生阶段的学习更多是思想、方法指向。研究生阶段以方法性为主导的学习不限于理论学说，对典型案例等实践问题的学习也要注意方法性、反思性。法学学习进阶不能只满足于学习并重复既有的通说知识、完善和拓展通说知识的解释力、运用他人的思想和方法贡献洞见，还应该像王轶教授所倡导的那样"朝着贡献一流思想资源和分析框架的方向努力"。

四

问：在老师眼中，怎样的大学生活才算是有意义的大学生活？大学四年我们应该成长为什么样的法律人？

法律人通过法学教育获取法律知识、培养技能、增长见识和提升境界，并不是朝夕之间的事情，而需要长期学与思、知与行的结合。人是个体的存在，也是社会的、历史的存在。现代民法文化不仅培养依法积极理性为权利而斗争的人，还培育爱国民主、团结协作、平等诚信、与人为善、以和为贵、宽容礼让、友善和睦、代际友好的人。友善是我国《民法典》处理人与人之间关系的立法哲学之一。互尊互信、团结互助的友善待人之道应成为《民法典》内在价值体系的重要内容。友善和睦、团结民主、生态文明构成以自愿原则为核心的民法个体主义方法论的必要补充，避免在市场经济生活和伦理家庭生活领域造就"无公德的个人"、孤立的个人或者短视的个人，充分还原整体中个人的面目，在整体和个人间实现更好互动，在个体自由发展外，更好实现人际互助关爱、团体自由发展和代际公平正义。

王轶教授曾经介绍，法学本科阶段要做的最重要的两件事：一是通过学习发现自己的职业兴趣，找到自己安身立命之本；二是尽量把握机会丰富自己的社会阅历，多一些人生体验，不断发现自己做人做事的"度"。这两个方面的实现都需要法律人不断地努力，特别是"学生学习期间，如果没有足够充分且正当的理由去做其他事情，就应该多读书"。

笔者在研究生债法专题课上经常讲道：债是一把"法锁"，锁住了债权人和债务人的幸福。谁欠谁的债，谁就欠了谁的幸福。越努力的债权人越幸福。类似地，在掌握妥当方法基础上，越努力的法律人越幸福。"人必须每天不停地开拓生活与自由，然后，才配有生活与自由的享受。""英雄辈出"的

"90后""00后",未来属于你们,当法治的火炬、民族发展的火炬在你们手中时,我相信,那火焰将格外耀眼!

五

问:希望老师可以简单写几句对同学们学习民法,珍惜大学生活的期望和寄语。

第一,历史的长河中每个人都不过像一只伏在河边喝水的小鼹鼠,"偃鼠饮河,不过满腹",大历史中我们注定是一个个小细节,想来虽感冷酷,但又确是历史发展、文明积累的真实写照,唯有创造和爱会给我们幸福。在历史的长河边,有人贡献甘冽清泉,有人倾注涓涓细流,有人带来洪水齐天,有人激起惊涛拍岸。而我们的所写所言也会成为标记我们个人的档案,或者光辉或者黯淡。红尘四合、烟云相连,谁已看透谁的未来?历史的星空依旧会有灿烂的星辰和美丽的明月,河边的我们依然会不断地仰望与描摹。

第二,知足常乐,知足者富,强行者有志,不失其所者久。

第三,民法的理想社会:诚实生活、毋害他人、各得其所、各尽所能、各安其分、自主选择、利益均衡、和谐相处,以实现人民甘其食、美其服、安其居、乐其业。

依法积极理性为权利而斗争的人

为权利而斗争是民法的"精神教育"。为权利而斗争就是为法律而斗争，推动权利人为权利而斗争的是法感情，这些都是权利心理学的主题，可以成为初习民法乃至初习法律的"精神教育"。耶林《为权利而斗争》中的诸多创见为我们提供了理解法律的产生与发展、法律的效力与实效、法律与权利的相互关系、权利的概念、法感情等基础理论问题的新视角，促使我们反思并完善既有的相关通说见解。

一、问题的提出

1872年3月11日，德国法学家鲁道夫·冯·耶林（1818年8月22日—1892年9月17日）在维也纳法律协会上做了一个《为权利而斗争》（*Der Kampf um's Recht*）的演讲，这也是耶林的维也纳告别演说。[①]此告别演说是一篇震撼了全世界的、最畅销的、迄今为止流传最广的德语法学著作，[②]也是

[①] 1868年10月16日，耶林做了《法学是一门科学吗？》的维也纳就职演说，参见［德］鲁道夫·冯·耶林:《法学是一门科学吗？》，李君韬译，法律出版社2010年版。1884年耶林重新造访维也纳的时候，又做了题为《论法感之产生》的演说。这些就是耶林在维也纳的三篇著名演说。

[②] ［德］鲁道夫·冯·耶林:《法学是一门科学吗？》，李君韬译，法律出版社2010年版，编者前言第5页及该页注［5］、作者简介部分。

耶林最著名的、最早被翻译成中文的著作。①

在对该演说做了详细修改和较大扩充之后交付刊行的第一版序言中，耶林曾说："也是为了非法律人的最大兴趣和充分理解，笔者力图通过这种处理方式，使这本小书进入受过教育的外行听众之中。这是一段在这本小书中可发现对其运用的权利心理学，一段每一个有思想的读者有机会自己来试一试的权利心理学。"②也正是在这个意义上，我国有学者指出"《为权利而斗争》是耶林为……普及法律（权利）意识而写的一部通俗性著作"，并从法学专业角度附带指出"但其中阐述的权利论则具有重大的理论价值"③。王泽鉴教授更是从民法学入门的角度指出《为权利而斗争》"可作为初习民法的'精神教育'"④。

笔者认为，"为权利而斗争"以一种人们可以到处喊的文学军令式表述，成功地成为一句开启人们权利意识的富有感情而深入人心的政法口号。⑤《为权利而斗争》一文中的很多创见对于我们深入认识法律的产生、法律的效力、法律的实效、法律与权利的相互关系、权利的概念、法感情等基础理论问题均极有助益。

《为权利而斗争》一文至少可以启发我们对以下问题展开思考：第一，

---

① ［德］鲁道夫·冯·耶林：《法学的概念天国》，柯伟才、于庆生译，中国法制出版社2009年版，译者前言第2-3页。

② ［德］鲁道夫·冯·耶林：《为权利而斗争》，郑永流译，法律出版社2007年版，作者于1872年7月9日所作的第一版序言第1页。另外，在1872年3月11日当天的演讲伊始，耶林也曾交代"这是一个听凭你们之中任何人评判的主题，一个我想说超出法学边界的主题。对此，一个外行同样有权像法律者一样做出评判"。［德］鲁道夫·冯·耶林：《为权利而斗争》，郑永流译，法律出版社2007年版，第59页附录二"为权利而斗争的演讲稿"。

③ 何勤华：《耶林法哲学理论述评》，载《法学》1995年第8期，第39页。

④ 王泽鉴：《民法总则》，北京大学出版社2009年版，第1页注①。

⑤ ［德］鲁道夫·冯·耶林：《法学的戏谑与认真——献给法律读者的一份圣诞礼物》，转引自［德］鲁道夫·冯·耶林：《法学的概念天国》，柯伟才、于庆生译，中国法制出版社2009年版，译者前言第24页。

为"什么"而斗争？第二，"为权利而斗争"的动机是什么？第三，为什么要"为权利而斗争"？第四，为"谁的"权利而斗争？第五，为权利而"向谁"斗争？第六，"谁"为权利而斗争？第七，"如何"为权利而斗争？第八，现行法在多大程度上满足、支持为权利而斗争的法感情？

上述八个问题可以大致整合归并为三个主要方面：（1）为什么而斗争。（2）为权利而斗争的原因。（3）为权利而斗争的方式。

二、为什么而斗争

人们为之斗争的对象是什么？人们不能空喊斗争的口号，而无为之斗争的对象或目的，斗争总存在一个为了什么、为了谁的首要问题。

人们既为具体主观的权利，又为抽象客观的法律而斗争。Recht 的这种一词二义现象直接导致了中文等语种的译者在"为权利而斗争""法律的斗争""为法权而斗争"等不同译法上的摇摆不定。选择"为权利而斗争"的译法有两个理由：第一，此种译法已经约定俗成、深入人心，[①]这是一个弱理由。第二，作者在文中曾言"作为本书的最初考察对象，我选择了为第二个方向（权利）而斗争。但是也想证明我的权利本质在于斗争这一主张对第一个方向（客观的法）也是正确的"[②]，在其演讲过程中，作者更是指出"在此贯彻诸如法必须斗争这类思想，不是我的使命……相反，我将谈论权利的实现……谈论为权利而斗争"[③]。这是一个强理由，直接反映了作者的本意，而

---

① ［德］鲁道夫·冯·耶林：《为权利而斗争》，郑永流译，法律出版社2007年版，译后记，第89页。
② ［德］鲁道夫·冯·耶林：《为权利而斗争》，胡宝海译，中国法制出版社2004年版，第5页。
③ ［德］鲁道夫·冯·耶林：《为权利而斗争》，郑永流译，法律出版社2007年版，第59页附录二"为权利而斗争的演讲稿"。

且这种主次轻重之分在文章的篇章布局上也能体现出来，谈论"为权利而斗争"约占文章80%的篇幅。

为之斗争的对象集中到主观权利之上后，还须进一步具体讨论谁的权利。作者通过私人权利、社会利益、全民族权利三个层面，层层递进地讲述此问题。为私人权利而斗争就是为私人的物质的和精神的生存条件而斗争，主张权利是在物质上和精神上进行自我保护。私人通过主张自己的权利来维护法律，并通过法律来维护社会不可或缺的交易、生活之稳定秩序。① 从为私权而斗争的过程中孕育出的健全法感情会推动私人在全民族的权利遭受外敌侵害时积极勇敢地为民族利益而斗争。由此，为之斗争的权利从私人的、社会的，自然扩展到国家的层面上。

在从私人权利跳跃到社会利益的过程中，存在一个"权利人通过自己权利来维护法律"乃至"为权利而斗争就是为法律而斗争"② 的论断，笔者认为这涉及客观法律和主观权利之间的关系问题。通说观点主张主观权利依附于客观法律，客观法律是主观权利的存在前提，却忽略了主观权利对客观法律的反作用。客观法律赋予主观权利法律上之力，但是主观权利的实现也能赋予客观法律实效。虽说从实证法学的角度看，法律的效力不同于法律的实效，当法律成为恶法或者当法律无法变为行动中的法时，法律的实效性固然受到毁丧，但并不影响其有效性的主张。③ 不得不承认，当法律权利得不到实现

---

① 这是耶林法律目的观的重要体现，耶林认为，保护个人自由并不是法律的唯一目的，法律的目的是在个人原则与社会原则之间形成一种平衡，个人的存在既为自身也为社会。不过，我认为从这一层次上讲，应该是个人的劳动或者权利主张，对自己有助益的同时，也间接对社会有助益，而非耶林所持的相反观点，这也是民法权利本位的当然之意。参见［美］E.博登海默：《法理学：法律哲学与法律方法》，邓正来译，中国政法大学出版社1998年版，第108—109页。

② ［德］鲁道夫·冯·耶林：《为权利而斗争》，胡宝海译，中国法制出版社2004年版，第55、61页。

③ ［德］卡尔·拉伦茨：《法学方法论》，陈爱娥译，商务印书馆2003年版，第72-73页。

时，法律也只能沦为空文，实用性既是法律的特征，也是对法律之为法律的要求。法律的效力由国家赋予，但徒法不足以自行，法律的实效则须由权利人权利的不断实现而达成。客观法律的生命力在于其实效的程度[①]，而该实效又取决于法律权利的实现，可见，为权利而斗争能反过来赋予法律生命和力量。立法程序能够赋予法律效力，但这种效力仅仅是规范意义上的，是应然的；法律又能赋予权利效力，但此时权利获得的仅仅是实现的可能性，要将这种可能变为现实，还须仰仗权利人的主张。权利主张不仅能使权利获得实现，还能够赋予法律实效，这种实效是事实意义上的，是实然的。"法律的生命力在于实施，法律的权威也在于实施。"[②]为权利而斗争的同时能够赋予有效力的法律实效（生命），因此，为权利而斗争也就可以说是为法律而斗争。

三、为权利而斗争的原因

为权利而斗争就是为法律而斗争，明白为之斗争的对象是主观的权利和客观的法律后，还须明白为这些对象去斗争的原因是什么或者说为什么斗争成为权利（法律）的本质。

先来谈为法律而斗争。有学者认为在耶林的心目中，"法律的产生是为权利（内容是利益）而斗争的结果"[③]。实际上，在耶林看来，为权利而斗争的结果是如上文所述赋予法律实效（生命），而法律要通过立法等程序胜出、

[①] 如1993年12月1日起开始施行的《北京市关于禁止燃放烟花爆竹的规定》因长期有违我国传统习俗和民意而执法效果不好、执法成本很高，2005年12月1日起施行的《北京市烟花爆竹安全管理规定》已将前一规定废止，由禁放改采限放。

[②] 2014年10月23日中国共产党第十八届中央委员会第四次全体会议通过的《中共中央关于全面推进依法治国若干重大问题的决定》。

[③] 黄辉明：《利益法学的源流及其意义》，载《云南社会科学》2007年第6期，第77页。

取得法律效力，也必须经由为法律本身进行的斗争才能实现。正所谓"世界上的一切法都是经过斗争得来的"[①]。在法律的产生和发展问题上，历史法学派秉持一种浪漫主义的理想态度，认为法律是某个特定民族的民族精神（民族的法信念）或者习惯法的自动显现，法律同语言、艺术一样，既不是专断的意志，也不是理性刻意设计的产物，而是缓慢、渐进、有机发展的结果。结合耶林的论述，笔者认为，法律产生和发展的过程中需要同以下对手做斗争。

第一，一切相关认识上的谬误。小的比如很多具体法律制度的取舍和具体规定方式等。大的比如在法律产生和发展问题上，耶林就曾和历史法学派上述浪漫主义的观点做斗争，以澄清法律并非"同原野上的草一样，无痛苦，无辛劳，无须雕琢，自然形成"[②]，相反，却需不断地探索、角逐、斗争。

约翰·密尔曾经指出："我们首先要记住，政治制度（不管这个命题是怎样有时被忽视）是人的劳作；它们的根源和全部存在均有赖于人的意志。人们并不曾在一个夏天的清晨醒来发现它们已经长成了。它们也不像树木那样，一旦种下去就'永远成长'，而人们却'在睡大觉'。在它们存在的每一阶段，它们的存在都是人的意志力作用的结果。"[③]

密尔的此论断对作为政治制度重要内容的法律制度同样适用。当然，真理可能往往不会仅掌握在论战一方手中，经过辩驳之后常常会发现真理是执两用中的，互相指责对方为谬误的各方观点中往往都含有一定的真理成分。萨维尼和蒂堡就"统一民法对于德意志的必要性"问题的论战就是比较妥帖

[①] [德]鲁道夫·冯·耶林：《为权利而斗争》，胡宝海译，中国法制出版社2004年版，第1页。
[②] [德]鲁道夫·冯·耶林：《为权利而斗争》，胡宝海译，中国法制出版社2004年版，第11页。
[③] [英]J.S.密尔：《代议制政府》，汪瑄译，商务印书馆1982年版，第7页。

的例子。①

第二，旧的不合理的法律传统、法律制度。斗争的幅度同样可能有大有小，清末修律就是在体制内的修补，废除国民党的"六法全书"则是体制外的大的革命。直观地看这些现象表现为对（旧）法律的斗争，从法学理论上看涉及法律的阶级性、社会性和继承性等问题，从政治实践上看则表现为不同政治力量斗争博弈、此消彼长的关系。在一些转折性的根本对立问题上，力量的逻辑往往胜过逻辑的力量，决断终止了讨论，"斗争中决定胜败的不是理由的强弱，而是相对抗势力的力量关系"②。这些都是立法政治学上值得认真总结的经验。

第三，既存权利和利益及其归属主体。笔者认为，法律不过是立法者对需要调整的生活关系中的利益冲突进行的规范化的、有强制力的利益评价。在这个过程中必然会有对利益的取舍、排序，结果就会自然产生某些既存权利和利益的败退，这就需要对这些权益及其主体的力量的斗争。立法的理想状态是逻辑和力量的一并胜利，或者说力量对胜出的逻辑予以最终确认，但是旧势力往往不会甘心退出，逻辑的力量穷尽时，力量的逻辑必然要走向前台。

法律立改废的过程中需要不断地斗争，有的甚至付出了牺牲，这在我国的法治实践中已有诸多相应事例。我国原《物权法》的通过更是经历了空前的波折，从1993年开始考虑起草到2007年十届人大五次会议最终审议通过，历经14年的努力，7次常委会审议，成为全国人大立法史上迄今审议次数最多的立法。2005年7月10日到8月20日，《物权法（草案）》向社会公开征求意见的过程中，各地群众提出意见11543件。立法公开征求意见，不失为

---

① ［德］A.F.J.蒂堡、F.C.冯·萨维尼：《论统一民法对于德意志的必要性：蒂堡和萨维尼论战文选》，朱虎译，中国法制出版社2009年版。

② ［德］鲁道夫·冯·耶林：《为权利而斗争》，胡宝海译，中国法制出版社2004年版，第8页。

一种很好的民主训练。而从艰苦曲折的立法过程中，我们也可以看出转型时期社会群体出现利益分化，利益协调比较复杂，各群体都想在事关自身利害的事项上充分表达自己的诉求，民众的权利意识觉醒，立法对利益的协调机制必须更民主、更科学。

就为权利而斗争来说，存在斗争的动机和原因两个层次的问题，这里涉及权利心理学的关键问题。耶林在其著作中写道，"我们沿着为权利而斗争个人动机的各个阶段来追寻这一斗争的足迹，其动机从单纯利害打算的最低阶段开始为权利而斗争，驶向主张人格其伦理生存条件的更理想阶段，最后到达实现正义理念的高峰"[①]。可见，为权利而斗争的心理动机存在单纯利害计算、主张人格及精神生存条件、实现正义理念这三个从低到高的不同层次。通说主张权利的核心内容为法律上的自由，原则上权利人既有积极主张自己权利的自由，又有消极放弃自己权利的自由。而耶林则认为权利乃至法律的本质在于斗争，故意侵权行为属于无视权利、侮辱人格的行为，主张权利是人类精神上的生存条件之一，此时权利人不能忍气吞声，为权利而斗争是对自己的义务，是维护自己人格、法感情乃至精神生存条件的义务。通过主张和维护自己的权利，权利人间接地推动了法律的实现，并通过法律维护了社会不可或缺的交易或者生活秩序，可见为权利而斗争也是对社会的义务。为权利而斗争还是对民族、对国家的义务，为权利而斗争过程中孕育的健全法感情就是一种民族力量，它能够推动人们在民族危难时奋起抗争、折冲御侮、众志成城、保家卫国。可见，在三个层次的动机之外，为权利而斗争还有三个层次的原因，那就是为权利而斗争是对自己的义务、是对社会的义务、是对民族国家的义务。

---

① ［德］鲁道夫·冯·耶林：《为权利而斗争》，胡宝海译，中国法制出版社2004年版，第71页。

贯穿动机和原因始终的有一个共同的因素，那就是法感情。[①]耶林通过为权利而斗争的著述创建了一种权利心理学，法感情是权利心理学的立论基础，法感情也成为全文的核心，作者就曾特别指出"权利的心理源泉叫作法感情"[②]。至于健康的法感情，作者指出两个标准：一是感受性，即感知权利侵害之痛苦的能力；二是实行力，即击退进攻的勇气和决断。[③]可见，法感情是精神痛苦感受力同与侵权行为做斗争的行动力的结合。人们也正是在法感情的推动下挥起为权利而斗争的拳头的。而法感情又与权利的概念有关，如果民事权利仅仅是受法律保护的物质利益，尚不足以激发强烈的法感情。在权利心理学的视野中，耶林发现了权利不仅包括利益等物质价值，还包括人格等理念价值。简单地说，权利是利益等物质价值和人格等理念价值的结合，后者更是权利人人格的精神上的生存条件。权利一旦和人格相结合，不问其种类，所有的权利都被赋予了超过其可比物质价值的理念价值，在权利受故意侵害之时，权利人的法感情就会油然而生。对权利概念中人格等理念价值的发现，丰富了我们对权利内涵的认识，有助于培养权利人的为权利而斗争的法感情，这一点正是主流学说所忽视之处，当然，还无法将这种理念价值直接转化为权利受侵害时的精神损害赔偿，尚需结合侵权行为的各种构成要件，综合认定。

四、为权利而斗争的方式

既要敢于为权利而斗争，还要善于为权利而斗争。明晰斗争的对象、斗

[①] 法感情的德文对应词是 Rechtsgefühl，中文通译为法感情，也有译为"法感"者，参见[德]卡尔·拉伦茨：《法学方法论》，陈爱娥译，商务印书馆2003年版，第4-5页。少数学者将该词译为"是非感"，参见[德]鲁道夫·冯·耶林：《为权利而斗争》，郑永流译，法律出版社2007年版。

[②] [德]鲁道夫·冯·耶林：《为权利而斗争》，胡宝海译，中国法制出版社2004年版，第45页。

[③] [德]鲁道夫·冯·耶林：《为权利而斗争》，胡宝海译，中国法制出版社2004年版，第46页。

争的原因等问题之后，还需要进一步探讨为权利而斗争的方式是什么。

针对不同的权利侵害情形和不同的斗争对手，耶林建议我们分别采取不同的斗争方式（诉求表达机制和权益保障渠道）。比如，国家权利在国际法上被肆意侵害时，往往需要诉诸战争的斗争方式，一味忍让退缩只会导致自己的权利慢慢地被蚕食，出现苏洵《六国论》所说"今日割五城，明日割十城，然后得一夕安寝。起视四境，而秦兵又至矣"的境况。对国家权力的恣意行为乃至对久存不废的恶法，要采取暴动、骚乱、革命的形式加以抵抗。私人之间为权利而斗争最激烈的形式有决斗、正当防卫等。而私人之间为权利而斗争的温和形式为诉讼，更温和的形式则为和解。

在耶林看来，就私权主体为权利而斗争的方式来说，决定采取诉讼还是和解的关键不在于标的物物质价值的大小，而在于权利人人格本身及法感情被侵害的程度。在侵权人主观可归责性较小的情况下，甚或在完全属于客观侵权的情形中，侵权人并非肆意去侵害权利人的人格，涉案的仅仅是被侵害的物质利益，和解属于正当的选择。若侵权人蓄意侵害权利人物质的或者精神的生存条件，权利人被伤害的不仅仅是利益问题，更是法感情问题，耶林认为在法感情问题上毫无妥协余地，此时必然要求诉诸诉讼的斗争方式。总体上，耶林所崇尚的为权利而斗争的方式是相对激烈的。

现阶段，我们为权利而斗争的方式更加灵活和多元。人们往往是在穷尽私下和解、调解、行政机关救济等快捷手段之后才走向法院。[①]法院诉讼往往成为保护权利的最后屏障。《民法典》第233条规定："物权受到侵害的，权利人可以通过和解、调解、仲裁、诉讼等途径解决。"物权受到侵害的，

---

① 不过，在一些关乎个体或者社会整体法感情的纠纷中，权利人常常为了背后代表的更大的公益而毅然决然地选择诉讼方式，这在公益诉讼中尤其具有示范意义。参见"安某诉北京市某饮食有限公司餐饮服务合同案"，（2009）朝民初字第18234号。该案中法院确认"餐饮企业未事先告知收取消毒餐具费应当退还顾客"。

存在多元化救济机制,其他合法权益受到侵害时亦然。人可以努力一生毋害他人,但难保不被他人侵害。诉讼和公正司法是公平正义的最后一道防线,但多数时候不一定是最优方案。孔子说:"听讼,吾犹人也,必也使无讼乎。"无讼不意味着无纷争,法律可以定分止争,但有了纷争并不意味着马上通过诉讼解决。在法律手段之外,还有媒体监督等手段(仍可归入私力救济行列),权利人出于对法律的信赖而选择经由法律的公力救济方式,当法律未能给予权利应有的公正支持或者当已经制定的良好的法律不能获得执行时,权利人丧失权利的同时,法律也将随之崩溃。毕竟"一个社会的人们对法的合法性信仰的产生,首先也是主要依赖于广大社会成员对所在社会法律所产生的社会效果的亲身感受,只有在他们长期亲身感受到法律所带来的好处后他们才会对法律产生一种感情,进而上升为一种信仰"[①]。法律之外当然还有道德良心,但走那条道路可能许久无法成功,也可能瞬间就能成功,它不具有法律所具有的可预测性。因此,需要构建以法院诉讼为中心的多元化纠纷解决机制,畅通和规范人们诉求表达、利益协调和权益保障渠道,以尽量减少权利人为权利而斗争过程中付出的机会成本,使得权益保障更富实效。

选准了为权利而斗争的方式,还要坚持为权利而斗争的不屈信念,依法积极理性维权。不管在我国法律传统中古人是厌讼还是健讼[②],现在为权利而斗争的权利意识已经越来越普遍。像秋菊打官司那样坚持"要一个说法",是现代中国社会权利人为权利而斗争的意识不断觉醒的标志性事例。

[①] 严存生:《法的合法性问题研究》,载《法律科学》2002年第3期,第10页。
[②] 邓建鹏:《健讼与息讼——中国传统诉讼文化的矛盾解析》,载《清华法学》第四辑。另参见[法]勒内·达维德:《当代主要法律体系》,漆竹生译,上海译文出版社1984年版,第31页。

五、总结

为权利而斗争就是为法律而斗争,推动权利人为权利而斗争的是法感情,这些都是权利心理学的主题。《为权利而斗争》中的诸多创见为我们提供了理解法律的产生与发展、法律的效力与实效、法律与权利的相互关系、权利的概念等基础理论问题的新视角,促使我们反思完善既有的相关通说见解。"为权利而斗争"作为一句文学军令式的表述既适合作为初习民法者的"精神教育",也适宜成为进行大众普法宣传、启发公民权利意识的有力口号。更周延的是,我们可以加几个限定语——依法积极理性地为权利而斗争,这应当成为法律人的基本素养。

推而广之,为权利而斗争不仅可以作为初习民法者的"精神教育",更可以作为初习法律者的"精神教育"。为之斗争的对象虽然以私法权利为主,但正像耶林所指出的那样,"斗争的利益绝不仅限于私法和个人生活,不仅如此它还将远远超越这些领域而存在",为权利而斗争也是为平等和自由价值而斗争,在为私法权利而斗争过程中培育起的健全的法感情能够推动"为私法而战的斗士"成为"为公法和国际法而战的斗士",由此,"在私法上播下的种子,在公法和国际法上结出了果实"。[①]

[①] [德]鲁道夫·冯·耶林:《为权利而斗争》,胡宝海译,中国法制出版社2004年版,第71–73页。

附录

本书作者围绕"民法典中的人"这一主题做过如下普法宣讲：

2020年6月1日和7日，"民法典的大道初心"，录制中国政法大学团委CUPL青微课。

2020年6月5日，"民法典是人民群众美好幸福生活的重要保障"，中共无极县委理论学习中心组学习（扩大）会议。

2020年6月30日，"民法典致力于培养什么人？"北京市垂杨柳中心小学"迎七一 学民法"主题党日。

2020年7月15日，"民法典的民生关切"，某能源企业理论学习中心组集体学习会议。

2020年8月4日，"民法典坚持以人民为中心"，某汽车集团党校2020年大学堂第一期。

2020年8月20日，"民法典中单位用工风险和劳动者权益保护"，天津市经济技术开发区总工会（团委、妇联）2020年度第三期工会干部培训班。

2020年8月31日，"民法典与人的全面发展"，北京市顺义区后沙峪镇人民政府民法典专题讲座。

2020年10月13日，"民法典是以人为本的法"，某部委机关通信信息中心。

2020年10月21日，"民法典的人法品格"，某部委机关规划研究院举办赛思讲坛第三期暨院党委中心组第6次集体（扩大）学习。

2020年11月17日,"民法典如何看待未成年人",北京市某幼儿园。

2020年11月18日,"民法典的大道初心",北京市东城区委政法委、东城区法学会、东城区安定门街道办事处,东城区法学会《民法典》宣讲"双百"专场报告会暨法治文化基层行活动。

2020年11月18日,"民法典的大道初心",中国某集团有限公司党建纪检培训班录课。

2020年11月27日,"民法典的大道初心",东城区发展和改革委员会"道德讲堂"。

2020年12月1日,"民法典的大道初心",某县政法委。

2020年12月2日,"民法典与人的全面发展",青岛某银行。

2020年12月3日,"民法典的人文关怀理念",某汽车研究总院有限公司。

2020年12月7日,"民法典坚持以人民为中心",中国某银行内控合规部党总支专家讲党课。

2021年9月13日录制,北京广播电视台科教频道《民法典通解通读》,《民法典》总则编——非营利法人的类型及事业单位法人,10月20日播出《总则编:非营利法人及事业单位法人》。

2021年9月13日录制,北京广播电视台科教频道《民法典通解通读》,《民法典》总则编——社会团体法人,10月21日播出《总则编第九十条:社会团体法人资格的取得》。

2021年9月13日录制,北京广播电视台科教频道《民法典通解通读》,《民法典》总则编——捐助法人,10月25日播出《总则编:捐助法人》。

2021年9月28日,"民法典中消费维权法律对策的系统化",某市消费者协会,某市消协系统2021年第三次维权培训班。

2021年11月13日,"友善价值观在我国民法典中的体现",河南省法学会民法学研究会2021年年会主旨发言。

2022年7月6日录制,"自书遗嘱能不分给妻儿财产吗?",由全国普法办组织、中国法制出版社录制的"法在你身边"三分钟案说民法典系列短视频。

2022年8月16日,"民法典中的人",2022年海淀区"迎接党的二十大·送法进万家"暨"美好生活·民法典相伴"主题宣传活动录制演讲。

2022年10月13日,"民法典中的人",山东大学法学院民法学子讲坛第一讲。

2022年10月15日,"民法典的大道初心",中国政法大学证据科学研究院2021级司法文明班主题宣讲。

2022年10月31日,"十年法治回望 民法典的大道初心",中国政法大学青春讲师团——青椒思政小课堂 学习宣传党的二十大精神专题系列宣讲第一场。

2022年11月14日,"人身关系法中的伦理人",首都师范大学政法学院燕京法学·学术讲座。

2023年5月31日录制,北京广播电视台纪实科教频道《民法典通解通读》,《民法典》人格权编第989—993条,8月7日播出《人格权编:捍卫我们的人格权》。

2023年5月31日录制,北京广播电视台纪实科教频道《民法典通解通读》,《民法典》人格权编第994—997条,8月8日播出《人格权编:法律守护生而为人的权利》。

2023年5月31日录制,北京广播电视台纪实科教频道《民法典通解通读》,《民法典》人格权编第998—1001条,8月14日播出《人格权编:那些不经意间被侵犯的人格权》。

2023年8月16日,"民法典继承编财富传承功能",西城区司法局2023年第二期人民调解员业务培训。

2023年8月21日录制，北京广播电视台纪实科教频道《民法典通解通读》之《与典童行》剧说民法典，"秋游那些事儿"，8月28日播出《与典童行：秋游那些事儿》。

2023年8月21日录制，北京广播电视台纪实科教频道《民法典通解通读》之《与典童行》剧说民法典，"我的钱谁做主"，8月29日播出《与典童行：孩子的红包谁做主》。

2023年8月21日录制，北京广播电视台纪实科教频道《民法典通解通读》之《与典童行》剧说民法典，"宠物风波"，8月30日播出《与典童行：宠物风波》。

2023年9月4日，"企业经营中的侵权责任"，中国石油天然气集团有限公司干部培训网络课程录制。

2023年11月13日录制，北京广播电视台纪实科教频道《民法典通解通读》，逐条讲解，婚姻家庭编第1040—1042条，11月23日播出《婚姻家庭编：你的婚姻　不是私事》。

2023年11月13日录制，北京广播电视台纪实科教频道《民法典通解通读》，逐条讲解，婚姻家庭编第1043条，11月24日播出《婚姻家庭编：树立优良家风　弘扬家庭美德》。

2023年11月13日录制，北京广播电视台纪实科教频道《民法典通解通读》，逐条讲解，婚姻家庭编第1044条，12月5日播出《〈民法典〉第1044条——收养》。

2023年11月22日录制，北京广播电视台纪实科教频道《民法典通解通读》，逐条讲解，婚姻家庭编第1045、1050条，12月6日播出《婚姻家庭编：守护家庭和谐》。

2023年11月22日录制，北京广播电视台纪实科教频道《民法典通解通读》，逐条讲解，婚姻家庭编第1046—1049条，12月7日播出《婚姻家庭编：

婚姻自由》。

　　2023年11月22日录制，北京广播电视台纪实科教频道《民法典通解通读》，逐条讲解，婚姻家庭编第1051、1054条，12月8日播出《婚姻家庭编：你们的婚姻，真的有效吗？》。

　　2023年11月22日录制，北京广播电视台纪实科教频道《民法典通解通读》，逐条讲解，婚姻家庭编第1052—1053条，12月13日播出《婚姻家庭编：什么样的婚姻可撤销？》。

后记

法不远人。法由人立，法为人立。法律易变，法理长存。法不阿贵，功不唐捐。

《民法典》是人法，是以人为本的法。《民法典》的大道初心是人文关怀理念与自由之精神。《民法典》的人法品格是民为邦本这一中华优秀传统文化的创造性转化、创新性发展，是以人民为中心思想的民法表达。《民法典》中的人是古今中外民法思想、民法文化和民法制度的共同关注。

《民法典》塑造民法文化，努力培养依法积极理性为权利而斗争的人。为权利而斗争的人不是一个个精致的利己主义者，而要爱国民主、团结协作、平等诚信、与人为善、以和为贵、宽容礼让、友善和睦、代际友好。马克思和恩格斯认为："代替那存在着阶级和阶级对立的资产阶级旧社会的，将是这样一个联合体，在那里，每个人的自由发展是一切人的自由发展的条件。"《民法典》所培养的是大写的、完整的、自由全面发展的"人"的形象，这也是在培育良好的公民素养。

理性经济人是近代民法尤其是财产法的经典人像，社会特殊群体是现代民法发现的经典人像，21世纪民法可以用自由全面发展的人统合财产法和人身法中的人像。从近代民法、现代民法向21世纪民法的发展，实际上是对人不断认识和再发现的过程，是从理性经济人、社会特殊群体向自由全面发展的人的变迁过程。自由全面发展的人可以统合近代民法中的理性经济人，统合现代民法中的社会特殊群体，统合21世纪民法中的伦理人、情谊人、团体人和生态人，避免陷入财产法中心主义或者个人主义方法论的"片面深刻"。

《民法典》始终饱含对世道人心的温柔注视，我们每一个人始终生活在民法温柔的目光里。民法的任务就是纾解人们的懊恼和愁苦，增进人们的欢喜和快乐。民法的理想社会是诚实生活、毋害他人、各得其所、各尽所能、各安其分、自主选择、利益均衡、和谐相处，以实现人民甘其食、美其服、安其居、乐其业。

作为中国法学会民法典编纂项目领导小组秘书处成员、物权法编课题组成员兼联络人，我有幸参与《民法典》编纂，见证《民法典》诞生。作为全国普法办"八五"普法民法典讲师团成员、北京市民法典学习宣传讲师团成员，我积极参与《民法典》普法宣传，助力《民法典》实施。

《民法典》普法宣传内容是有层次的，不能局限于民法知识，还要及于法治观念、法治思维、法治思想、法治文化、法治精神。《民法典》的人法品格和《民法典》中的法治思维是我做《民法典》普法宣传工作的两条主线。本书《民法典中的人》是对自己参与《民法典》普法宣传工作的一个阶段性总结。学者要"致力于探索一流的思想资源和分析框架，贡献好的学术世界观"，学者要"为人们理解自己所处的时代和社会状况提供精神食粮"。本书的出版离不开中国法制出版社编辑黄会丽老师的全过程帮助，虽然一直在想，也一直在讲这些内容，有了一些前期成果，但如果没有她的鼓励，我大概一时半会儿不会去写这么一本书。

每一本书都有特定的任务使命，也都会有未尽之言。一种可能的读书和写作方法是续写法，由此读者可以和作者进行深度对话。如拉德布鲁赫在《法律上的人》演讲中所言："沿着他们指引的方向，我将在新的耕地上手扶木犁。"如本书"重读《私法中的人》：从理性经济人到自由全面发展的人"一节所述，本书是对《私法中的人》（［日］星野英一：《私法中的人》，王闯译，中国法制出版社2004年版）未竟话题的续写，是在坚持近代民法和现代民法上经典人像的基础上，对人的形象再描画补绘几笔。

2016年4月21日凌晨，我的奶奶杜世贞离世，当天凌晨我梦到奶奶，过往种种，竟然梦见奶奶过世，抚枕潸然，辗转未眠。4月21日一早，弟弟急电，说奶奶走了，我即动身返乡。4月22日我作了《贞世佑康》一词。谨以《民法典中的人》一书与《贞世佑康》一词纪念我的奶奶！

贞世佑康

杜若梦别，

世贞旋老。

多少次无语凝坐，

而今日河畔顿首。

暮春风咽人泣，

明月短松孤阡。

天人分际，

托体山阿。

绕丘三匝，

伤心千里。

王 雷

2024年2月8日于北京市海淀区

图书在版编目(CIP)数据

民法典中的人 / 王雷著. -- 北京：中国法制出版社，2024.8
（法治文化丛书）
ISBN 978-7-5216-4492-0

Ⅰ.①民… Ⅱ.①王… Ⅲ.①民法—法典—案例—中国 Ⅳ.①D923.05

中国国家版本馆CIP数据核字（2024）第090926号

策划编辑 / 责任编辑：黄会丽　　　　　　　　　　　　封面设计：杨泽江

民法典中的人
MINFADIAN ZHONG DE REN

著者 / 王雷
经销 / 新华书店
印刷 / 三河市国英印务有限公司
开本 / 710毫米×1000毫米　16开　　　　　　　　印张 / 15.25　字数 / 201千
版次 / 2024年8月第1版　　　　　　　　　　　　2024年8月第1次印刷

中国法制出版社出版
书号 ISBN 978-7-5216-4492-0　　　　　　　　　　　　定价：58.00元

北京市西城区西便门西里甲16号西便门办公区
邮政编码：100053　　　　　　　　　　　　　　　　传真：010-63141600
网址：http://www.zgfzs.com　　　　　　　　　　 编辑部电话：010-63141785
市场营销部电话：010-63141612　　　　　　　　　 印务部电话：010-63141606
（如有印装质量问题，请与本社印务部联系。）